民族传统体育理论
与项目教学研究

刘万武 著

MINZU CHUANTONG TIYU LILUN
YU XIANGMU JIAOXUE YANJIU

中国水利水电出版社

www.waterpub.com.cn

内 容 提 要

近年来,有很多民族传统体育项目逐渐被人们所熟知,成为人们日常运动健身的项目之一,然而总体来看,还有一大部分民族传统体育项目没有被更好地挖掘和利用,同时人们对民族传统体育理论的认识也有所欠缺。本书重点对民族传统体育的理论展开一定的研究和探讨,主要包括民族传统体育的发展、教学理论、以及营养与保健等知识,另外还对民族传统体育中武术、搏击、传统养生等项目的习练做了细致的研究,以指导人们的健身习练。

图书在版编目(CIP)数据

民族传统体育理论与项目教学研究/刘万武著. --
北京:中国水利水电出版社,2014.6(2022.9重印)
  ISBN 978-7-5170-1987-9

Ⅰ.①民… Ⅱ.①刘… Ⅲ.①民族形式体育-研究-
中国 Ⅳ.①G852.9

中国版本图书馆 CIP 数据核字(2014)第 096097 号

策划编辑:杨庆川 责任编辑:杨元泓 封面设计:崔 蕾

书 名	民族传统体育理论与项目教学研究
作 者	刘万武 著
出版发行	中国水利水电出版社
	(北京市海淀区玉渊潭南路 1 号 D 座 100038)
	网址:www.waterpub.com.cn
	E-mail:mchannel@263.net(万水)
	sales@mwr.gov.cn
	电话:(010)68545888(营销中心)、82562819(万水)
经 售	北京科水图书销售有限公司
	电话:(010)63202643、68545874
	全国各地新华书店和相关出版物销售网点
排 版	北京鑫海胜蓝数码科技有限公司
印 刷	天津光之彩印刷有限公司
规 格	170mm×240mm 16 开本 13 印张 233 千字
版 次	2014年10月第1版 2022年9月第2次印刷
印 数	3001-4001册
定 价	42.00 元

前　言

我国民族传统体育历史悠久、内容丰富、形式多样,以其独特的健身和娱乐价值深深吸引着人们的参与。人们通过习练各种民族传统体育运动项目,既达到了强身健体的目的,也愉悦了身心,另外还在习练民族传统体育的过程中受到一定的教育,感受到民族传统体育独特的文化内涵,提升了自己的修养。

近年来,我国众多的民族传统体育项目逐渐被人们所熟知,成为人们日常运动健身的项目之一,有些项目如传统武术、太极拳等甚至建立或形成了自己的产业化体系,走上了科学化、现代化的发展道路。虽然,目前我国一些民族传统体育项目取得了一定程度的发展,但是总体来看,大部分的民族传统体育项目没有被更好地挖掘和利用,人们对民族传统体育内涵的认识并不深刻,对民族传统体育理论的认识也有所欠缺,这导致人们在进行民族传统体育习练时缺乏必要的理论指导。鉴于此,特撰写了《民族传统体育理论与项目教学研究》一书,以期为人们参与民族传统体育运动锻炼,促进我国民族传统体育的发展提供一定的帮助。

本书共分为八章,第一章为民族传统体育概述,主要阐述了民族传统体育的起源与发展、特点与价值以及民族传统体育的属性及文化内涵,这可以帮助人们更好地认识民族传统体育的基本内涵。第二章是关于民族传统体育的发展研究,主要阐述了我国民族传统体育的现状,并对当前的这种发展现状作出了具体的分析,另外还提出了未来发展的途径及策略。第三章为民族传统体育教学理论研究,主要对民族传统体育的相关理论知识做了基本的研究和梳理,主要包括民族传统体育教学学科理论体系、教学的方法和原则、教学课堂的组织与实施等。第四章为民族传统体育教学中营养与保健的研究,主要阐述了民族传统体育营养与保健的基本理论与方法,民族传统体育运动中常见的运动伤病及处理。第五章为民族传统体育的武术项目教学研究,主要阐述了武术的基本功与基本动作教学,以及拳术和器械套路教学研究,武术、拳术与器械套路是我国民族传统体育中常见的项目之一,通过本章对这几个项目教学的详细研究能很好地指导人们的习练。第六章为民族传统体育的搏击项目教学研究,主要内容包括散打、摔跤、擒拿等项目的教学。第七章为民族传统体育的养生项目教学研究，主要包括易筋经、六字诀、八段锦、五禽戏等项目。我国的民族传统体育养生历史悠久，各项目具有独特的养生和健身价值，通过对以上几个项目的习练，不仅能强身健体，同时还能起到防卫的作用。第八章为其他常见民族传统体育项目教学研究，包括的项目主要有舞龙、舞狮、拔河、秋千、放风筝等。

本书内容丰富、结构清晰、知识全面，注重理论与实践的统一，具有很强的针对性、时代性、目的性和实用性，能够为我国高校民族传统体育教学的发展提供科学的理论指导，具有一定的理论价值和实用价值，不失为一本关于民族传统体育的好书。

本书在撰写的过程中，参考和采用了大量有关民族传统体育方面的书籍和资料，在此向有关专家和学者致以诚恳的谢意。由于作者时间和精力有限，书中难免存在错误或遗漏之处，恳请广大读者批评指正。

作　者

2014 年 3 月

目　　录

前言……………………………………………………………………… 1

第一章　民族传统体育概述……………………………………………… 1

　　第一节　民族传统体育的起源与发展……………………………… 1

　　第二节　民族传统体育的特点与价值……………………………… 9

　　第三节　民族传统体育的属性及文化内涵………………………… 14

第二章　民族传统体育的发展研究……………………………………… 24

　　第一节　民族传统体育的发展现状及走向………………………… 24

　　第二节　民族传统体育教学的发展现状及问题分析……………… 33

　　第三节　民族传统体育的发展途径及策略研究…………………… 42

第三章　民族传统体育教学理论研究…………………………………… 48

　　第一节　民族传统体育教学学科理论体系………………………… 48

　　第二节　民族传统体育教学的方法与原则………………………… 52

　　第三节　民族传统体育教学的课堂组织与实施…………………… 62

第四章　民族传统体育教学中营养与保健研究………………………… 67

　　第一节　民族传统体育运动的营养保健…………………………… 67

　　第二节　民族传统体育运动损伤的预防与处理…………………… 75

　　第三节　民族传统体育运动疾病的预防与治疗…………………… 82

第五章　民族传统体育的武术项目教学………………………………… 89

　　第一节　武术基本功与基本动作教学……………………………… 89

　　第二节　拳术武术套路教学………………………………………… 104

　　第三节　器械武术套路教学………………………………………… 114

第六章　民族传统体育的搏击项目教学………………………………… 130

　　第一节　散打………………………………………………………… 130

　　第二节　擒拿………………………………………………………… 146

第三节　摔跤…………………………………………………… 163

第七章　民族传统体育的养生项目教学…………………………… 168

第一节　易筋经………………………………………………… 168

第二节　六字诀………………………………………………… 175

第三节　八段锦………………………………………………… 178

第四节　五禽戏………………………………………………… 180

第八章　其他常见民族传统体育项目教学………………………… 185

第一节　舞龙…………………………………………………… 185

第二节　舞狮…………………………………………………… 188

第三节　拔河…………………………………………………… 193

第四节　秋千…………………………………………………… 195

第五节　放风筝………………………………………………… 198

参考文献…………………………………………………………… 200

第一章　民族传统体育概述

我国的民族传统体育历史悠久,在长期的发展过程中,以其鲜明的特点和独特的价值受到各个时期人们的广泛欢迎和喜爱,一些优秀的民族传统体育项目得以流传至今,并不断向前发展着。本章主要阐述了民族传统体育的起源与发展、特点及价值、属性及文化内涵。

第一节　民族传统体育的起源与发展

一、民族传统体育的起源

随着人类社会的不断发展,民族传统体育也应运而生。民族传统体育之所以能够产生并不断向前发展,主要受以下几个方面因素的影响。

（一）源于生存和生产的需要

在原始社会,人类为了生存就必须进行一定的生产劳动,可以说生产劳动保证了人类的存在和延续。在原始生产方式条件下,生活在山林和草原的少数民族在狩猎和牧业生产中离不开奔跑追逐、投掷射击,甚至需要与野兽搏斗、与牲畜角力,因此产生了赛跑、射箭、射弩、赛马、摔跤、投掷等体育项目。如赫哲族的"叉草球"的体育游戏,是陆上训练在河里叉鱼的手段;苗族的打泥脚、打草球,侗族的踩石轮、骑木马等都与生产活动有着密切的联系。

在距今约四万年前的许家窑人遗址中发现了大量的石球。这种石球最早是狩猎的工具,而不是游戏用品。但到了新石器时代晚期,西安半坡村人遗址中已出现为儿童陪葬的石球和若干陶球。这些殉葬用的石球,可能是作为一种游戏玩耍的物品。当时的球形物体,与后来形成的球类运动也不无关系。由此我们可以推断出,球类运动也是从生产劳动中逐渐萌生而发展起来的。在出土文物中,还有原始社会后期的骨制鱼镖和鱼钩,说明捕鱼在当时已是经常性的活动，与之相应的投掷鱼镖、垂钓、游水等活动也已出现。

（二）源于原始战争的需要

在古代，一些少数民族在早期的发展过程中，为了民族生存和民族利益与异族时有争端发生，有时还会爆发较大的争斗，而在争斗中体育技能也被派上用场，成为重要的获取胜利的手段。后来，军事战斗的需要进一步促进了赛马、射箭、射弩、角力等具有军事功能的少数民族传统体育的发展。例如，壮族传统体育活动中妙趣横生的"板鞋竞技"，原是壮族女总兵瓦氏夫人训练士兵的方法。

战争的出现，促成了武器和战斗技能的演进，以及对战斗人员进行身体和军事技能的训练，蹴鞠最早便是为了训练将士，以提高战斗力而创造出来的。南朝梁人宗《荆楚岁时记》引刘向《别录》的"蹴鞠，黄帝所造，在练武士，本兵势也"。由此可见，原始战争是民族传统体育萌生的基础之一。

（三）源于原始宗教的需要

在原始社会，由于人类并不能理解大自然中发生的各种现象，他们通过一些自然现象的直观表现，认为万物是有灵的。原始宗教就是在这种观念的基础上产生和发展的，其主要包括图腾崇拜、自然崇拜和祖先崇拜以及在此基础上产生的原始巫术活动等。其中，图腾崇拜和原始巫术对民族传统体育产生了深远的影响。

古文献记载和考古研究所知，我国上古时期曾有鸟、蛙、蛇、熊、虎等多种图腾。在我国各地的民间传统体育活动中，除了赛龙舟之外，舞龙灯、纸龙等都依稀可见龙图腾崇拜的影子。

原始巫术的主要目的是通过一定的巫术形式来祈祷狩猎成功、庄稼丰收、家畜强壮多产等。拔河是一种祈祷丰年的巫术活动。

（四）源于原始教育的需要

原始教育最初是在生产劳动实践过程中进行简单的生产技能传授的。氏族公社阶段以后，随着人类文明的不断发展，有了最早的文字（记事符号）、信仰、艺术和风俗习惯等观念，教育内容也相应地复杂了。

我国东北黑龙江畔的鄂温克人，在新中国成立前夕还处在原始社会末期阶段，他们的"男子达到十几岁时，即开始跟随父兄学习狩猎技术，父亲有义务给新猎手准备一支猎枪，负责教育。这种教育，是通过游戏和体育来完成的"。由此可以推断出原始教育中包含着大量的体育内容。

二、民族传统体育的发展

自从我国民族传统体育诞生以来,它就在不断地向前发展着,民族传统体育的发展可以大体分为以下几个阶段。

(一)民族传统体育的形成阶段

总体来说,我国民族传统体育的形成,主要受以下几个方面因素的影响。

1. 战争的演进

进入阶级社会以后,各族之间的战争频繁不断。从夏代到春秋战国,弓箭始终都是战争中的主要武器,射箭成为主要的军事技艺之一。军队传授射箭技术、进行射箭训练是一项十分重要的活动。传说夏时的后羿不但善射箭,而且善教射。

发展到西周,射箭的地位更加稳固,发展迅速。西周时期,对成年男子来说,射不但是作战的必备手段,还具有敬德遵礼的性质,可用于进行道德方面的教育,也可用于维护奴隶主阶级的等级名分。

春秋战国时代,为了适应战争的需要,还发明了射程远、杀伤力强的弩射。

我国北方以狩猎为主的少数民族,射箭是猎取食物、防御野兽侵害的工具,也是运用于战场的军事武器,因而,他们的射箭技术精湛,不逊色于汉族,弓箭制造也十分精良。

2. 文化的进步

奴隶制时期,文字的出现促进了人的思维能力的增强,为教育的发展创造了必要的条件,使教育进入了一个新的发展阶段。在奴隶制时代,随着人类知识技能发展,社会分工日细,对人才的要求也从文武兼备演变为专于文或专于武。到了春秋战国时代,出现了“百家争鸣”的学术繁荣景象,这些对我国民族传统体育的最终形成都起到了积极的推动作用。

3. 经济的发展

春秋战国时期,随着生产力的逐步提高和经济的繁荣,一些具有一定娱乐性质的传统体育应运而生,如龙舟竞渡、举重、秋千、飞鸢(风筝)等。这些活动受到了人们的广泛欢迎和喜爱,在民间得到广泛的开展。

（二）民族传统体育的兴盛阶段

1. 民族大融合促进传统体育的发展

自从秦王嬴政统一六国后，各个民族之间的融合程度进一步加大，以中原农耕时周秦文化为基本模式，在各族文化长期以来互相融合的基础上，采取向兼并地区大量移民的方式，向全国推广。到了汉代，继续推行统一政策。此时，我国北方也建立了多民族的匈奴帝国。由此，我国多民族的统一国家最终得以确立，各民族间的交往日益频繁。

"永嘉之乱"之后，中国民族之间的大融合进一步加强。这对于体育活动内容的丰富和体育文化的传播都起到了重要的作用。

两晋南北朝时，匈奴、鲜卑等少数民族入主中原后，受到中原文化的影响，骑马射箭常与汉族的传统节日结合在一起。这些都是民族大融合环境下，民族传统体育快速发展的真实写照。

2. 传统体育的娱乐性日趋浓厚

秦汉之前，虽然民族传统体育项目不少，但大都功利性较强，缺乏必要的娱乐性。而在战乱结束后，人们开始更多地关注传统体育的娱乐性。两晋南北朝玄学兴起，冲击了礼教、军事对传统体育的束缚，使其更多地按照体育本身具有的娱乐性、竞技性特点发展。春秋以来，部分军事训练项目逐渐从军事中分化出来，朝竞技、表演方向发展。如"田忌赛马"以竞赛速度为赌；项庄舞剑，是因"军中无戏乐"。

秦汉三国以后，存在于祭礼活动中的传统体育，逐渐摆脱了宗教祭祀的束缚，与节令、节日结合在一起，游乐的气氛日渐浓重。

春秋战国时代，由于文武分途的出现，社会上大量的不会武的文士也有参加体育活动的需求，出现了从"射礼"演变而来的投壶活动，其烦琐、形式化与射礼完全一致。汉魏间，投壶基本摆脱繁文缛节，进一步游戏化。

（三）民族传统体育的繁荣阶段

1. 与节令有关的民族传统体育丰富多样

我国的传统体育，特别是与节令有联系的传统体育，在长期的流传过程中，被赋予了一定的思想内容，有的甚至带某种宗教目的和迷信色彩，如重阳登高、元宵节的灯火。

隋唐时代,端午龙舟竞渡,娱乐竞技特色尤为突出。唐代,拔河不仅在民间流行,而且进入了宫廷。开展拔河的时间,常在正月十五,参加拔河的人数动辄上千,颇有声势。此外,"寒食"是我国古代的传统节日,即现在的清明节。寒食蹴鞠最早出现在南北朝,至唐代时十分兴盛。

2. 体育交流频繁促进民族传统体育的繁荣

隋唐时期,统治思想较为开明,对外来文化兼收并蓄,积极发展与外邦的友好关系,从而使得许多传统体育项目得以传播出去,同时,异域的体育文化也充实了民族传统体育。

在唐开元、天宝年间,中亚细亚的米、史、康居等国曾多次向唐王朝进献胡旋女子,于是胡旋舞传入中原。据记载,唐太宗李世民听说西蕃人好打马球,就专门派人去学习,不久马球就在王公贵族间流传开。唐朝时,日本和朝鲜与中国的交往最密。公元630年开始,日本多次大规模派出"遣唐使"和留学生。中国的投壶、蹴鞠、击鞠、围棋、步打球先后传入日本,日本射手在唐高宗年间也曾来我国表演射技。朝鲜也曾多次遣使来我国,与唐朝建立了深厚的友谊。我国的围棋、蹴鞠等传统体育项目在此时传入朝鲜。

3. 围棋的开展和女子传统体育活动的兴起

南北朝及以前,围棋的军事性受到许多围棋名家的重视。随着唐朝社会生活的安定,人们对围棋价值观的认识开始发生了变化。《隋书·经籍志》把辑录的围棋著作,全部归入《子部·兵书》类。但专记唐朝一代藏书之盛的《旧庸书·经籍志》和《新唐书·艺文志》,则把围棋著作归入《子部·杂艺术》类。这说明围棋的存在,已不在于它的军事价值,而主要在于陶冶情操和愉悦身心。

两晋南北朝后期,少数民族大量涌入中原,其妇女得到尊重的社会风气冲击了汉族地区男尊女卑的陋习。隋唐时期,儒学地位没能达到两汉时期的高度,封建礼教对女子的束缚也没有两汉时期严紧,出现了我国历史上少有的女子体育的繁荣景象。隋唐时期女子中开展的传统体育项目主要有击鞠、蹴鞠、步打球、射箭及舞蹈等。

(四)民族传统体育的完善阶段

1. 军事训练的促进

宋、元、明、清时期,统治阶级采取了一系列的新政措施,保持了生产力进步、经济繁荣的良好社会环境。期间大、小规模的战争也仍然不断地发生,对军事训练的重视,使某些与军事有关的传统体育项目愈加完善。以畜牧、狩猎为生的少数民族参与到中原战争后,进一步刺激了具有军事意义的传统体育活动的发展。

契丹族、女真族和蒙古族以畜牧狩猎为生,离不开骑射,促进了骑术和弓箭术的发展与提高。辽、金、元朝都设有专门的骑射项目,目的在于推动骑射技术的发展。蒙古族把角抵(摔跤)放在与骑马、射箭同等重要的位置上,元朝统治阶级大力推崇这种活动。骑射既是满族长期生活和生产的主要手段,又是清代宫廷中主要的军事训练活动和娱乐项目。清代,除了骑射和摔跤之外,冰嬉也得到了快速的发展。

2. 市民体育的兴起

市民体育,指的是宫廷、官僚及军队体育以外的城市中下层人民的体育活动。两宋手工业和商业发展前所未有。城市人口大大增加,文化兴起。于是,我国民族传统体育市民体育蓬勃发展。

宋元时期,市民体育的兴起,拓宽了民族传统体育的发展空间,特别是适合市民休闲娱乐需要的表演性与自娱性传统体育得以广泛地开展和传播。

3. 武术的兴盛与发展

宋代武术与军事武艺仍不可分解。武术表演在北宋属于军中百戏,由"花妆轻健军士百余"来表演的。至明清武术才出现从军事技术中分化出来的迹象,逐渐发展成为具有健身娱乐性质的运动项目。

武术内容丰富。明代已有十八般兵器,即"弓、弩、枪、刀、矛、剑、盾、斧、钺、戟、鞭、锏、镐、殳、权、钯头、绵绳、白打"。清代,又增加了锤、拐、钩、三节棍、狼牙棒等。明代拳术有二十余家,到清代增至百多种,如形意拳、八卦掌、查拳、花拳等。

武术门派立立。据黄宗羲《王征南墓志铭》记载:"少林以拳勇名天下,然主于搏人,人亦得而乘之;有所谓内家者,以静制动,犯者应手而仆,故别少林为外家。"可见当时已有"内家"与"外家"之分。此外还有"武当""峨嵋"等派别。

武术著述颇多。明清时期,武术理论探讨成绩显著。著作主要有程宗猷的《耕余剩技》、戚继光的《纪效新书》、吴殳的《手臂录》和俞大猷的《剑经》等。

（五）民族传统体育的转型阶段

1. 民族传统体育观念的转变

西方近代体育传入中国之后，冲击着中国传统文化。在与西方体育的冲撞中，民族传统体育并没有消失，而是在接受西方近代体育的基础上，进一步完善和发展自己，完成了民族传统体育在近代的转型。

1915年，体育界一批有识之士，认为各国的体育运动，各有其特点，要发展我国民族体育，应从我国的实际出发。另外，当时还不少人主张对民族传统体育进行深入研究，希望能找出与人们的时间、能力、经济都相宜的"适宜运动"。这些新观念的出现，正是人们对民族传统体育的重新评价和再认识，也把对传统体育的认识与反思推向了高潮。

2. 民族传统体育内容的改造

20世纪20年代前后，体育界人士开始对传统体育的活动形式进行整理研究。以精武体育会、北京体育研究社等为代表的一些组织和人士，在继承传统的基础上对传统体育（主要是武术）进行了整理。以马良为代表的一些人则利用近代运动形式对传统体育活动进行了改造。

一些重要著述也为民族传统体育的推广起到了促进作用，如潘蜇虹的《踢毽术》和王怀琪的《正反游戏法》等。此外，冰嬉、空竹、跳绳、风筝等民族传统体育项目也都得到了一定的整理与研究。

3. 传统健身活动在民间的流行

近代民间一直流传与武术有关的健身活动，如八段锦、易筋经、五禽戏等。八段锦起源于宋代，到近代发展成多种多样。原有文武之分，明清时流行文八段。易筋经最初见于明天启四年的手抄本，清道光以后，才流传较广。五禽戏传为汉末华佗所创，是模仿虎、鹿、熊、猿、鸟五种动物的动作编成的一套健身操。

近代民间的传统健身活动，还有杠子、皮条、石担、石锁等形式。少数民族居住地区，许多具有地域特征的民族传统体育项目也成为人们强身健体的活动内容。如哈萨克族的"姑娘追""叼羊"、藏族的碧秀（响箭），以及蒙古和朝鲜等民族的摔跤等。

（六）民族传统体育在现代的发展

新中国成立后，我国民族传统体育的发展历程，大致可分为以下四个阶段。

1. 初始整理阶段

新中国成立后,在党和政府对我国传统体育项目的支持关怀下,群众性传统体育活动蓬勃发展。

1949 年对民族传统体育进行了大规模的整理和发掘,把具有浓厚民族色彩的少数民族体育发展成为对抗性较强的竞技运动。1953 年,成立了中国摔跤协会。1953 年 11 月 8 日,在天津举行了民族形式体育表演及竞赛大会。1956 年在北京举行了中国式摔跤锦标赛,1957 年制定了《中国式摔跤竞赛规则》。至此,摔跤完成了它的竞技性改造。在这个时期,武术是中国传统体育的代表,发展最为突出。

2. 停滞发展阶段

三年困难时期,加上"文化大革命"的社会动乱,中国社会陷入穷困和政治运动中,中国传统体育被当作"封建糟粕"进行了批斗,很多珍贵的传统文献毁于"文革"中,传统体育的研究组织也大都解散,研究活动基本停止。

但这一时期传统体育活动并未完全停止,如军队中仍有摔跤、格斗等训练。后来,在周恩来等领导的关怀下,在各地组织举办了多次武术表演比赛和运动会,使民间武术活动逐渐恢复。

3. 改革发展阶段

十一届三中全会以来,全党的工作的重点转移到社会主义现代化建设上来,体育工作也转移了重点。由于拨乱反正冲破了长期"左"倾错误的严重束缚,端正了指导思想,少数民族地区的经济有了长足的发展,传统体育项目的研究活动也随之蓬勃发展起来。

20 世纪 80 年代后,国家有关部委召开了全国少数民族体育工作座谈会,将民族体育工作重新列入工作议题,各级有关部门力排极左思想的干扰,积极倡导挖掘、整理民族体育,民族传统体育重新崛起。1984 年,国家体委综合蹴鞠、花毽和现代足球、排球、羽毛球运动特点,推出毽球项目。

4. 改革深化阶段

进入 20 世纪 90 年代后,随着体育的日益国际化、职业化,现代体育发展到了顶峰时期,其发展方向的局限、竞赛组织的不足等日益明显。十五大以后,体育界也开始重视民族传统体育项目的研究发展。同时,民间活动也广泛开展起来,如北京民族体育协会根据古人蹴鞠方法,并结合流传于我国民间的一些球法,整理挖掘出一项新兴的民族传统体育项目——蹴球。

1990年,北京举行的第11届亚运会上中国武术被列为正式比赛项目,并成立了国际武术联合会。1991年,在内蒙古举办了"国际那达慕大会"。另外,毽球、龙舟、风筝、围棋等项目的国际性表演和竞赛日趋增多,呈现出前所未有的发展趋势。1998年,教育部在对全国高等学校专业进行调整时,在体育院校原有武术专业的基础上,重新设置了民族传统体育专业,为民族传统体育的研究奠定了专业基础。

在新的历史时期,为了深入贯彻落实民族政策,进一步继承和发展民族民间传统体育,增强各族人民体质,为改革开放和社会主义建设服务,经国务院批准,全国少数民族传统体育运动会由国家民族事务委员会和国家体育运动委员会联合主办,由地方承办,每4年举行一届。截至2011年,已分别在天津、内蒙古、新疆、广西、云南、北京和西藏、宁夏、广东、贵州等省、市、区举办了9届全国少数民族传统体育运动会。

第二节　民族传统体育的特点与价值

发展到现在,民族传统体育之所以深受广大人民群众的欢迎和喜爱,这与其具有鲜明的特点和价值是分不开的。

一、民族传统体育的特点

受地理环境、社会生产、生活方式、宗教民俗等各方面因素的影响,我国的民族传统体育形成了自己鲜明的特点。这些特点主要表现在以下几个方面。

（一）民族性特点

我国有着悠久的历史,是一个多民族国家,受地域、环境、人文、历史等因素的影响,各民族的文化都有自己鲜明的特点,并表现出明显的差异,而这也正体现出了不同文化特点对物质、精神、生活和社会关系等各个层次的不同影响,也就造就了不同的民族,这就是我们所说的民族性。而我国民族传统体育强调人与自然的和谐相处,追求内外合一、形神合一和身心全面发展,以静为主,动静结合,修身养性,以"健"和"寿"为目的。其中,比较具有代表性的民族传统体育项目主要有武术和舞龙、舞狮等。武术强调"内外兼修,形神兼备"的民族风格,追求形体和精神的同步发展;其他如风筝、龙舟、秋千、舞龙、舞狮等都具有浓郁的民族文化特色,而区别于世界流行的现代体育运动。除此之外,服饰、活动仪式、风俗、历史传承等方面,也能够充分体现出民族传统体育的民族性特点。

在我国民族传统文化发展的过程中,民族传统体育项目作为一种有机载体,发挥着非常重要的作用。而民族语言、民族性格、风俗习惯、生活方式、宗教信仰等方面的差异,也造就了各民族之间相对独立的传统文化,这种特性决定了传统体育文化和价值观念不可能很快被其他民族全盘接受,甚至在一个民族被另一个民族征服和同化的极端情况下,它原有的体育方式也会在新的民族共同体中顽强地有所表现。

综上所述,历经各个历史时期的发展,我国的民族传统体育具有了极强的生存能力,并且还具有非常强烈的民族性。这也正是中华民族传统体育最基本的特点。

（二）地域性特点

我国地域广阔,各民族间的地域差异非常大,在不同地理环境的影响下,各民族的生产生活方式、文化背景等都存在许多差异。而在这些背景下,必定会造就出各具地域特色的民族传统体育运动项目。例如,"北人善骑,南人善舟"就充分反映了我国各民族之间的地理环境对生产方式和传统体育的影响。"草原骄子"的蒙古族,过着随草迁移的游牧生活,精骑善射,"随草迁移"形成了以骑射为特点的赛马、赛骆驼等传统体育项目;居住在青藏高原的藏族以及西南地区的其他民族,善于攀登、爬山、骑马、射箭等传统体育。而南方气候温和,江河较多,多数少数民族善于游戏,赛龙舟活动长久不衰。由此可以看出,北方民族多以个体化的体育项目为主,如摔跤、马上项目等;而南方民族则以集体性体育项目为主,如赛龙舟、抢花炮等。以上这些就是我国民族传统体育具有地域性特点的深刻体现。

（三）交融性特点

在数千年的文明发展过程中,我国民族传统体育逐渐形成了一个相对封闭而又开放的独特系统。民族传统体育在不同文化模式与类型的相互碰撞和交流过程中得到了发展,并随着社会的进步和文明程度的提高,以及民族之间的交流与渗透,得到了进一步的融合。各民族传统体育项目之间的交流与融合体现出了民族传统体育具有交融性的特点。

一般来说,一些民族传统体育新项目的产生,都需要经历一个融合与交流的过程。其中比较具有代表性的就是冰上足球的发明。清代乾隆年间满族人就把足球与滑冰结合起来,发明了一种称为"冰上蹴鞠之戏"的冰上足球,作为禁卫军的训练内容。除此之外,还有其他一些人们较为熟悉的项目,也是通过不同的交流与融合发展而来的,比如,骑射是射箭与马术的结合;马球是球技与马术的结合等。

另外,我们还可以从民族传统体育文化与艺术的相互融合中,充分认识民族传统体育的交融性。我国少数民族能歌善舞、能骑善射,产生了技击性和艺术性相统一的传统体育项目,既强身健体又愉悦身心,达到健、力、美和谐统一,如黎族的"跳竹竿",击竿者跪、蹲交替,节奏越打越快,难度越来越大,跳竿者随竿的分合与高低变化灵巧地跳跃其间,展现出各种优美的姿势。这就对体育参与者提出了更高的要求,良好的身体素质是必需的,但只有这样还不够,较高的音乐素质和舞蹈技巧也是要具备的重要条件。将以上这些因素综合起来,通过长期不断地融合,逐渐构成了民族传统体育丰富多彩的内涵。

（四）多样性特点

在我国内容丰富的民族传统体育中,几乎每一个民族都有自己的传统体育项目。有的项目与种族的繁衍有关,例如,哈萨克等民族的姑娘追、羌族的推杆、朝鲜族的跳板等;有的项目来自生产、生活习俗的活动,例如,赫哲族的叉草球、草原的赛马和骑射以及江南水乡的竞渡等;有的项目是宗教习俗中的一部分;还有一些项目则直接由军事技能转化而来,例如,各个民族的武术等。正是这些不同的来源,构成了多姿多彩的民族传统体育项目。而这些也正好充分体现出了我国民族传统体育的多样性特点。

在民族传统体育项目中,也存在着较为明显的多样性特点。例如舞龙、舞狮、武术、毽球、抢花炮、珍珠球、蹴球、龙舟竞渡、扭秧歌、木球、射弩、斗牛、拔河、风筝、马术、踩高跷、荡秋千、姑娘追、打陀螺、押加、赛马等各种活动都具有各自不同的技术特征,因而形成了各具特色、风格迥异的运动项目。这也是表现民族传统体育多样性特点的一个有效方面。

（五）适应性特点

民族传统体育内容极为丰富,这为人们提供了更多的健身锻炼的选择,许多项目不受时间、季节的限制,也有些项目在场地、器材上可以做到因地制宜、就地取材,还有的项目可徒手或持器械进行,这些都为开展群众性体育活动提供了更为便利的条件。正是由于民族传统体育的这种广泛的适应性特点,才满足了不同年龄、不同性别、不同层次、不同人群的体育活动需要。

二、民族传统体育的价值

（一）强身健体

民族传统体育注重的是人身心的发展，通过肢体活动、调整呼吸，最终达到身心合一，可以起到很好的健身功效。因此，强身健体是民族传统体育所具有的显著功能与锻炼价值。另外，很多的民族传统体育项目是通过民间游戏演变而来的，因此，这些项目还具有较强的娱乐价值。人们在参与过程中，可以有效地愉悦身心，减轻自己的压力。

人们在习练各种民族传统体育运动的过程中，通过与自己身体的融合，通过感触使全身各肢体参与运动，这样可以有效锻炼个体的心肺功能，提高自己的身体素质。此外，通过一些民族传统体育项目的锻炼还可以进一步发展和提高身体各器官的能力，最终实现健身的目的。我国民族传统体育的最终目的是增强体质、强身健体、益寿延年、消遣娱乐，强调以健身为主。

（二）修身养性

经常参加民族传统体育锻炼能很好地促进人的身心全面发展，提高生命质量。民族传统体育中的"导引养生术""五禽戏""六字诀""太极拳""八段锦"等是人们修身养性的最好方法和最具实效性的健身运动。民族传统体育为全民健身活动的开展提供了丰富多彩的练习形式和方法，展现了无限的发展空间，它与全民健身活动的统一，是民族文化与体育文化发展的价值回归。

（三）文化教育

民族传统体育还具有文化教育的价值。民族传统体育作为一种综合性的民族文化，对人们的价值观、道德观、伦理观念、审美以及人们的行为模式都具有深远的影响。纵观整个社会的发展历史，民族传统体育的教育功能在历代都得到了一定的重视。在古代，祭祀与军事是学校教育的主要内容。新中国成立后，学校教育开始重视民族传统体育的教育作用，因而使得民族传统体育在学校获得较快的发展。以武术为例，其教育功能日益增大。而随着我国教育事业的快速发展，人们对民族传统体育在教学过程中的重要性认识得更为透彻，对民族传统体育教育的功能与价值的研究也是越来越深入。

（四）促进经济发展

我国的民族传统体育项目众多,内容丰富,各种活动都是以经济活动方式为基础的。我国的民族传统体育资源丰富,呈现出地域性、主体性、广泛性分布的特点,利用民族传统体育资源建立本地域特色经济,对推进民族地区经济的发展有着特殊的作用。

对于广大的劳动群众而言,尽管生产劳动会使四肢得到活动,但是长期的重复活动必然会造成机体损伤或畸形,从而影响和降低了劳动效率。而适当地参加一些民族传统体育活动,不但可以有效调剂劳动中重复动作造成的疲劳,还可以增强自己的身体素质,愉悦自己的身心,改善自己的精神面貌。民族传统体育运动的开展有助于体育人口数量的进一步增长和人们健康观念的增强,从而促进他们参与到体育运动中去,这样也会拉动人们的体育消费,促进经济的发展。

（五）促进社会政治稳定

民族传统体育还具有促进社会政治稳定方面的价值,这一价值在现代社会得到了很好的体现。随着现代化进程的不断加快,人们所面对的社会压力也随之变大。许多人会因为压力过大,而产生酗酒、赌博等不良的恶习,为社会的治安稳定带来一些隐患。因此加强民族传统体育的开展力度,能有效增强个体的健身意识,有效舒缓个体在社会生活中的压力,避免个体不良生活习惯的养成。而人们在参与这些喜闻乐见的民族传统体育文化活动时,可以使自己保持一个愉悦的状态,有效地引导良好的社会风气,保证社会政治的稳定发展。另一方面,人们在参加民族传统体育活动时,其精神面貌、整体素质、民族的凝聚力都会得到很大程度的提高。

（六）凝聚各民族精神

我国历史悠久,有着丰富的传统文化,其中很多的民族传统体育活动都与传统节日或者历史人物有关,通过这些民族传统体育活动的举行能极大地增强人们团结合作的精神,表现出强烈的凝聚民族精神的功能和价值。以"赛龙舟"比赛为例,起初这种比赛的发展是出于对龙图腾的崇拜,而在传承过程中,又增加了纪念屈原的人物内容。也正是在这样的背景下,龙舟比赛将屈原身上的中华传统伦理道德和价值观凝聚起来,传递给子子孙孙,使他们对这些民族精神产生认可,从而产生强烈的民族自豪感和自信心,也从一个侧面增加了人们的民族向心力、凝聚力和号召力。

在我国民族传统体育运动中,很多项目都是以集体活动的形式开展的,如舞龙、舞狮、赛马、斗牛、踩高跷、拔河、摔跤等。这些活动除了要求参与者具有较强烈的竞争心外,还要求其具有很强的集体荣誉感。因此,在参加这些集体性民族传统体育运动时,可以有效培养人们的团结、协作精神,使人们的群体意识得到加强,对增强民族认同感和凝聚力起到了重要作用。

(七)传承我国优秀民族文化

经过长期的发展,我国的民族传统体育以"天人合一"为哲学基础,形成了独特的崇尚礼让、宽厚、平和等价值取向的体育形态。这不仅是对我国优秀文化的传承,更是将其发扬光大。以传统武术为例,人们在练习武术时,不仅是习武,更重要的是习武德,人们要从中收获健身、健心、修身养性的效果。这种多层次的教育价值和"天人合一""内外兼修""厚德载物"的思想,更加具体地反映出了民族传统体育对优秀文化的传承。

第三节　民族传统体育的属性及文化内涵

一、民族传统体育的属性

关于我国民族传统体育的属性,大致可以分为七个方面,即生产性、地域性、民族性、生活性、娱乐性、认同性以及封闭性。正是由于民族传统体育具有这几个方面的属性,才使得其具有与其他项目不同的特点及价值。

(一)生产性

民族传统体育的基本支点为生产。民族传统体育文化之所以能够较好地产生和发展,这与技术系统的支持是分不开的。体育文化的基本属性是生产性,这主要是由于生产活动是体育文化产生的重要源头。因此,也可以说,生产性是民族传统体育最基础的文化属性。

(二)地域性

中国幅员辽阔,各个地区之间的地理环境和生态环境差异较为明显,受这些因素的影响,中华各民族不管在语言、文字、宗教、习俗方面,还是建筑、服装等方面,都具有较大的差异性,体育活动也不例外,这充分体现出了民族传统体育的地域性属性。除此之外,由于开展地点不同,同一地区、同一体育项目表现出的方式和方法也存在一定的差异性。每个具有共性的地方经过不断融合,逐渐形成了一个具有地域特征的文化景象。

(三)民族性

文化是由人类创造出来的,而文化同时也塑造着人类本身。受历史、环境、时代等各种因素的影响,人类逐渐形成了各个不同的民族。就世界范围来说,各个国家都有其代表自身特征的传统体育项目,如中国的武术、日本的柔道、美国的篮球、巴西的足球等,具有非常强的民族色彩。也就是说,每一个地区和国家的传统体育内容,都能够在一定程度上代表着这个国家或地区,是一种文化的象征。具体来说,传统体育的民族性属性都是通过一定的方面表现出来的,这些方面包括:体育的外在形式、体育精神、运动规则和具体要求。中华民族传统体育的民族性,主要表现为以下四个方面,具体为:养生性、保健性、整体和谐性以及伦理教化性。

(四)生活性

受社会环境的影响,人们在其特定的生活环境中创造出来的各种民族传统体育运动项目也具有生活性这一特征。在早期的社会中,生活与生产内容融为一体,体育就是在人类不断的生产劳动中产生的,这些体育项目几乎都与狩猎、游牧、耕作等生产活动,以及为庆祝收获、祈祷祭祀等生活内容有着密切的联系。不管人类如何发展,这些源于生产和生活的体育,都不会脱离生活性这一重要属性。

(五)娱乐性

体育起源的因素有很多,娱乐是其中非常重要的一个方面,并且随着社会的不断进步,娱乐性也逐渐成为民族体育发展的重要动力。具体来说,娱乐成分主要包含三个方面:一方面,是身体机能性,对技术有比较高的要求,并且具有强烈的自娱性和他娱性;另一方面,是谋略性,对人的谋略、心智水平有比较高的要求;还有一方面,是机遇性主要是对机遇的期待。

(六)认同性

关于认同性,首先要讲求的是血缘认同和民族认同,如果要深层次探索,那么就是民族文化的认同了。文化包含的内容很多,体育是其中的一个重要部分,从民族认同的方面来说,体育在具有符号意义的同时,也具备民族文化形象的意义。同样都是摔跤,蒙古族的摔跤是搏克,维吾尔式的摔跤是且里西,藏族的摔跤则是北嘎。由此可以看出,尽管体育活动内容相同,但起源的民族不同,所表现的形式各异,因此,它们就代表了不同民族的文化。

（七）封闭性

与中国传统文化一样，由于受到自然地理因素、自给自足的小农经济、血缘、宗族等因素的影响，再加上特定的生活环境，中国传统体育也具有封闭性的属性。通常来说，民族传统体育往往只在一些人中间传播，甚至有一些体育项目已经自生自灭了。以陈家沟太极拳为例来说，它只是有限地与同类其他拳种的交流，而且只在自己的区域范围内进行发展、传播，这也就使其形成了自身特有的风格。可以看出，导致体育封闭性的重要原因就是环境的封闭性。

二、民族传统体育的文化内涵

（一）物质文化内涵

1. 民族传统体育项目本身

我国的民族传统体育历史悠久，内容丰富，据记载，目前大约有 676 条少数民族传统体育被发掘、发现，其中，汉族有 301 条，共计 977 条。在这些民族传统体育项目中，有很多已经走出国门，成为世界文化的一部分了，较为典型的有龙舟、武术、气功、风筝等。

随着民族传统体育的不断发展，诸多专家、学者越来越致力于中华民族传统体育的研究和论证，最终，得出的结论是：民族传统体育产生于人们的需要。对此，比较有价值的是梁柱平和戴文忠先生的理论研究。其中，梁柱平先生对民族传统体育的理解是："由于各民族所处的山川地理环境不同，从而形成了各民族的不同风俗习惯，产生了风格、形式各异的民族传统体育活动。"[1]他认为民族传统体育是在民族中形成和产生的。而戴文忠先生对于民族传统体育的理解在《云南少数民族传统体育的起源与发展》中有所体现："云南少数民族传统体育的起源有四点：第一，人与自然搏斗中产生的体育项目；第二，人与人搏斗中产生的体育项目；第三，宗教祭祀活动中产生的体育项目；第四，娱乐活动中产生的体育项目。"[2]

由于各民族传统体育都是在生产劳动中产生的，因此在人类的需要方

---

① 王英. 民族传统体育文化研究. 西安：西安地图出版社，2008
② 同上

面较为相似,但是,又由于各民族地理和生态环境有一定的差异性,因此,又存在一定的区域性。

2. 运动器材、器械设备方面

在我国众多的民族传统体育项目中,既有不需要借助相关器械、器材的,但也有一部分需要的。常见的需要借助的器械、器材主要有:刀、枪、弓、箭等,这些器械、器材经过历朝历代的逐渐改进,逐渐成熟起来,它是历代人智慧的结果。通过对这些运动器材、器械的研究,能够更好地反映出中华民族传统体育的文化内涵。

风筝是世界上最早的人造飞行器,经过不断的发展,它已作为一种大众化的民族传统体育,在中国极为普遍,其中,最具特色的,当属北京、天津和潍坊的风筝。首先,北京风筝中数金氏风筝和哈氏风筝最为出名,两者的做工和缝合完全不同,前者造型雄伟,画工粗犷;后者骨架精巧,画工素整。天津风筝做得最好的当属魏元泰和周树泰。这两个人做的风筝都受到人们的喜爱,但是两者的特色却不同。魏元泰做的风筝以精巧别致、生动优美见长;而周树泰则以"三百梅花竹眼硬膀蝴蝶"和汉字风筝最为具有代表性。这二人都为风筝艺术作出了一定的贡献。潍坊风筝的主要特点是工艺精巧,浑厚淡雅,而且样式结构和种类繁多,鸟兽鱼虫、花卉草木、人物百戏,皆为风筝,受到人们的喜爱。

3. 民族传统体育的文献典籍

目前,我们对民族传统体育的了解和认识,在很大程度上是通过各种文献典籍的方式进行的,这种方式就是所谓的文献资料法。不同时期的文献记载,都反映出了当时民族传统体育发展的概况。

在历史各个不同时期都有关于我国民族传统体育运动项目的记载。其中,最早的是记载乐舞和射、御的考核内容的《周礼》。通过记载蹴鞠竞赛与训练的《蹴鞠》25篇,让后人对当时的体育运动情形有了一定的了解。东汉人李尤则在《鞠城铭》中记载了竞赛的场地规则等方面的内容。齐梁间的文献典籍以民族传统体育文化为主,较具有代表性的有:孙思邈的《千金要方》《千金翼方》《保生铭》,陶弘景的《养性延命录》《导引养生图》等。明代汪云程在《蹴鞠图谱》全书21节中,对蹴鞠活动的竞赛规则、技术名称、技术要领、场地器材、球戏术语等内容进行了详细介绍,参考价值极高。宋代及其以后,文献典籍则以养生学为主,其中,较为著名的有《圣济总录》《摄生论》《红炉点雪》《遵生八笺》《万寿仙书》《寿世保元》《养生四要》《寿世编》《勿药元诠》等。

发展到近代以后,记载民族传统体育的文献资料数量越来越多,并且记载的方式也更加丰富多样,如图谱、密笈,以及各种史料和地方志。其中,最为具有代表性的,当属《中国民族传统体育志》。这是一部对各民族体育进行记载的大百科全书。其内容丰富、详细,主要涉及武术、气功养生健身、棋类、文娱等几大门类。它为我国研究民族传统体育提供了珍贵的资料,具有极高的参考价值。

4. 出土文物、壁画及民族服饰

在语言和文字出现之前,关于民族传统体育的记载,几乎都是通过简单的线条、人物简画进行的。因此,各种陶瓷制品及建筑壁画中都大量记载了各民族早期的民族传统体育。由此可以得出,出土文物、壁画是人们早期活动的一个佐证,也具有较高的研究参考价值。比较具有代表性的是,中国科学院考古研究所于1953年在西安半坡村北"半坡遗址"内发现"石球",这就表明"石球游戏"早在母系氏族社会时期就已经出现了,这也充分说明蹴鞠活动起源于原始社会后期。另外,在河南洛阳出土发掘的大量文物,帮助人们更好地了解古代投掷运动的发展,意义重大。

我国的传统节日有很多,在盛大的节日里,人们都要盛装出席,因此,民族服饰也便与民族传统体育紧密地联系在一起,成为体育文化重要的一部分,民族服饰也成为各民族一道特殊的亮丽风景线,格外引人注目。

(二)精神文化内涵

1. 追求人与自然的和谐和统一

受自然经济和传统观念的影响,我国的民族传统体育从整体上对人体运动过程中形态、机能、意念、精神,以及这些状态与外部世界的联系都进行了较为客观的描述。以太极拳为例,"以心会意,以意调气,以气促形,以形会神"等是对这种体育运动的形象描述。体育运动追求的最高境界就是"心灵交通,以契合体道"。

民族传统体育锻炼的内容和方式有很多,通常采用的训练方法是基本功练习与完整练习相结合的方法,这也在一定程度上反映了中华民族追求平衡和顺其自然的主体化思维方式。对于克服西方科学主义"主客之分,身心两分"所带来的科学危机来说,这种思想和观念起到了非常显著的效果。但是,需要注意的是,在传统体育促进健康这一方面,我国对此进行的研究和探索还不够深入、全面,因此,这应该引起相关专家、学者的重视,在"阴阳平衡"的基础上,进一步研究体育运动对于健康的意义,从而达到更高意义上的人与自然的和谐、统一。

2. 具有守内、尚礼、恋土的民族情结

关于民族传统体育的守内、尚礼、恋土情结,可以从以下几个方面进行认识与了解:第一,在体育原理方面,主要表现在中华民族追求平衡和顺应自然的主体化思维方式上;第二,在技术特点方面,主要是将中华民族以智斗勇、追求技巧的审美心理反映出来;第三,在竞赛规则方面,我国的民族传统体育具有表演性的特点,动作规定和比赛规则没有具体化,在交手过程中体现的是礼让为先,点到为止,这是中华民族守内、尚礼的人格倾向的充分体现和反映。中国象棋就是能够充分体现这一特点的传统体育项目。中国象棋中的"将、帅"不得越雷池半步,只能在"九宫"之内活动,并且要在"仕、相"的护卫下完成攻守进退,而且只能够坐镇宫中进行"站、走、移、挪",这也充分反映出了"帅不离位"的恋土归根的农业民族心理。

中华民族历史悠久,民族传统体育在传统的农业型经济、高度统一的中央集权制以及与此相适应的儒家文化的影响和作用下,逐渐形成了自己鲜明的特色。在中国的封建社会,学校的学习内容以治人、济世为主,重视脑力劳动,将脑力劳动同体力劳动严格区分开来,造成了发展的不平衡。在这种形势下,民族传统体育就无法获得很好的发展,有时甚至还会遭到排斥与打击。在封建统治阶级思想的统治下,中华民族传统体育只有养生、保健类体育得到了一定程度的发展。

3. 讲求伦理教化、等级思想严重、崇文而尚柔

受儒家文化思想的影响,我国古代体育的特征主要体现在以下三个方面:第一,在目的作用上的伦理教化的价值趋向;第二,尊卑有别的等级观念;第三,崇文尚柔的运动形态。

对于封建统治阶级和儒家先哲来说,他们认为人的最高需要就是道德需要,道德价值就是最大的价值。这一时期人们对人生的追求目标和理想境界就是做一个"内圣外王"的贤人。但是,由于当时的社会过于重视伦理教化,扭曲了原本正常的思想观念,只重视道德视,而忽视了其他方面,从而使得这一思想观念并不具有科学性,而最终成为了走向极端的悖谬。受这种思想状态的影响,中华民族传统体育的价值没有被全面地了解和认识,其健康、娱乐等价值与功能甚至遭到抹杀,民族传统体育的发展受到了很大程度的阻碍。同时,这种状况对于人的身心健康发展也是没有益处的。比如,学习射礼时,就要求做到"内志正,外体直";在进行投壶的活动时,则要做到"不使之过,亦不使之不及,所以中也,不使之偏颇流散,所以为正也,中正,

道之根底也。"①

尊卑有别的等级观念在中华民族传统体育中一直是存在的,这种等级观念不仅存在于体育用品的使用方面,而且还体现在体育活动的顺序方面。在进行体育活动时,需要遵循"君臣之礼,长幼之序"的体制要求,这也使得体育的竞争成为了不公平的竞争。比如说西周的射礼,可以分为三种,即大射、宾射、燕射,另外,弓箭、箭靶、伴司乐曲、司职人员等方面也存在一定的等级区别。"秋"是围猎中的最后阶段,歼兽活动要正式开始,是需要由皇帝所在的"黄帷"射出第一箭的。由此可以看出,封建统治者的等级观念非常强。由于受"寡欲不争""中庸""以柔克刚""贵和"等思想观念的影响,中国传统体育也表象出了相应的特征,主要表现为:力量、刚强、竞争不足,而舒缓、柔弱、平和有余。这种特征与体育的本质特征是不相符的,因此,这对我国民族传统体育的发展起到了消极的阻碍作用,从而也使得当时我国国民体质低下,受到世界的侮辱。

4. 倡导阴柔与静态之美

在中国古代,以孔孟为代表的文化,要求人们在思想上要做到"乐而不淫""哀而不伤"和"心宁、志逸、气平、体安",而且在做人上还要做到多"隐",使情感含蓄而不外露。在这种文化的影响下,出现了太极这种静极之物。静和自然是中国太极,不管是理论上还是文化上都追求的一个目标。总的来说,这种静态变化的追求主要有三个方面:第一,追求内在美高于外在美;第二,追求静态美高于动态美;第三,追求封闭的系统胜于开放的系统。

中华民族传统体育项目众多,源远流长,经久不衰,比如,温文尔雅的太极拳、导引养生功、围棋等。尤其是群众性较强的太极拳,以其阴柔、轻缓的动作与内在的气势征服了国内外的广大太极拳爱好者,并且有越来越多的人参与到了太极拳的习练中。要练好太极拳,就需要做到以下几点要求:第一,要"形不破体,力不尖出","有退有进,站中求圆";第二,技术动作方面,则要求趋向于"拧、曲、圆"的内聚形态;第三,在切磋、交手的过程中,要求做到"声东击西、避实就虚,守中有攻,就势借力"。对于太极拳,最为生动形象的描述是"牵动四两拨千斤"。这使得中华民族以智斗勇、追求技巧的审美心理得到了充分的体现。

5. 功利观较强,对休闲娱乐体育偏见较深

在中国古代,"齐家、治国、平天下",步入仕途,高官厚禄等一直是大多

---

① 王英. 民族传统体育文化研究. 西安:西安地图出版社,2008

数人的理想,因此,在科举制、八股取士的时代,知识分子们都几乎将所有的精力放在故纸堆中,皓首穷经。当时,学子们学习的内容都以考试内容为标准,不去想这些内容是否有用,这种强烈的功利观,对于当时休闲娱乐体育的发展非常不利,甚至制约了休闲娱乐体育的发展。在汉代,一些知识分子提出了"去武行文,废力尚德"的观点,并且对提倡"角抵戏"进行了批判,他们认为这是"玩不用之器",还有一些儒生认为蹴鞠费力劳体,并且认为这与"君子勤礼,小人尽力"的古训相违背,因此,便提出了用其他合于礼仪的"雅戏"来取代体育活动的主张。

综上所述,中国古代这种抵制和反对休闲娱乐活动的价值观念,不仅对于人们选择体育运动形式的意向产生不利的影响,而且以后还会使人们产生对休闲娱乐活动的许多偏见,这不利于中华民族传统体育的长远发展。

6. 群体价值本位

在中国传统文化中,尊尊亲亲的宗法观念一直占据着统治地位,其基本特征是:把尊尊亲亲的价值观念,以家庭、家族为本位外推,将其扩大和延伸到整个社会群体之中,经过长期的影响,就导致了中国传统文化的价值取向为以社会群体为本位。在这样的价值取向的影响下,在传统体育中以个人为基础的竞争得不到较为充分的发展,进而也一定程度上限制了民族传统体育的发展。

（三）制度文化内涵

1. 中国古代体育体制的共性特点

在体制方面,中国古代体育都有相通的地方,这主要表现在以下两个方面。

（1）重文轻武

受重文轻武这种思想观念的影响,我国民族传统体育在发展的过程中受到了一定程度的阻碍。汉朝刘彻采纳董仲舒"罢黜百家,独尊儒术"的建议之后,处于思想统治地位的便是儒家思想了。到了汉朝,设立太学,改变了当时的取士标准。官学中,关于武艺的教学内容逐渐减少,后来则基本上被排除了,并且形成了轻武重文的学风。这种学风对当时社会风气产生了很大的影响,如"彬彬多文学之士""金银满赢,不如一经"。两汉以后,重文轻武的思想愈演愈烈,这样发展到南朝时期,使得国民的身体素质每况愈下,文献记载当时许多贵族子弟"肤脆骨柔,不堪行步;体羸气弱,不耐寒暑,其死仓猝者,往往而然"。重文轻武之风发展到极盛,是在北宋以后,主要是受到宋明理学的影响,"八股"取士是导致这一现象的最直接原因。

综上所述,受儒家思想的影响,整个封建社会以"经学"取士的用人标准,对民族传统体育的发展起到了一定的阻碍作用。另外,教育的非理性特点也在一定程度上阻碍了我国民族传统体育的发展。

(2)民族传统体育受传统教育的束缚而变得扭曲

两汉以后,有两方面的原因对民族传统体育产生了重要的影响:一个是儒家"礼乐观"的影响,造成的"重功利,轻嬉戏"的社会思想倾向;另一个是重在伦理教化的错误价值倾向。关于体育,儒家学者认为体育是成德成圣,完成圆善的手段,应该加以制约,不能任其发展。比较具有代表性的,就是射礼,其主要的要求为:射者"内志正,外体直,然后持弓矢牢固,然后可以言中"。后来,此项思想发展更甚,发展到了被统治者不能随意进行体育活动。从此,体育运动具有了等级性的特点。

综上所述,受封建社会思想观念和统治阶级的影响,民族传统体育被戴上了"等级"的帽子,进而造成了中国古代体育的扭曲发展。由此可以看出,中国古代传统体育发展的制约因素,主要是封建社会的束缚以及封建思想的禁锢。

2. 中国古代不同历史时期体育体制的差异

(1)夏—春秋时期

在这一时期,体育的发展进一步具体化。其主要原因主要有以下几点:第一,生产和分工的发展、文字和学校的产生、频繁的战争、宗教制度的形成等。体育的具体化,主要体现在体育形式呈现出多样化,如军事、学校、娱乐、保健等。学习的教育形式得到了具体化,教育内容也有了进一步的分化。西周时,"礼、乐、射、御、书、数"是学校的主要教育内容。第二,体育在国家军队中也具有非常重要的作用和地位,这主要体现在日常的身体训练方面,其所学的内容主要是"田猎"与"武舞"。《礼记·月令》中记载了当时军队训练的情形:"天子易教于田猎,以习五戎,班马政。"这里所说的"五戎",是五种兵器,即弓、矢、殳、矛、戟;"马政"就是指驭马技术。武舞的基本内容是"教坐、作、进、退、疾、徐、疏、数之节"。

(2)战国—三国时期

在春秋战国时期,贵族统治阶级垄断军事的局面逐渐被打破,这在很大程度上推动了军事体育的发展。到了战国时期,由于兵种的划分更加具体化,这也对训练方法提出来了一定的要求,专门分类训练成为主要的训练方式。技击技术逐渐规范系统,武艺水平迅速提高。春秋战国以后,鉴于军队体育的不断发展和具体化,也在一定程度上推动了娱乐体育的进一步发展。这一时期,出现了很多受到人们喜爱的娱乐体育项目,比如,蹴鞠、围棋、射箭、弹棋、斗兽、投壶、击鞠、赛马等。除此之外,还有一些形式多样的风筝、竞渡、秋千、民间舞蹈等。到了汉朝,人们开始重视"百戏"的发展,并在其发展、兴盛的同时,带动了我国各项运动形式的发展与竞技形式的演进,具有非常重要的意义和影响。秦汉时,宫廷和民间乐舞较为盛行,之后获得较大发展的则是方仙术以及行气养生术。

（3）西晋—五代时期

西晋—五代时期是我国古代体育的空前繁荣时期,在这一时期,封建统治阶级废除了一些阻碍我国传统体育发展的体制,并且实行了一系列对体育发展产生推动作用的有效措施,在很大程度上促进了体育,尤其是武术的发展。魏晋以后,传统儒学的"礼乐观"在玄学、佛学,以及北方少数民族习俗的不断冲击下,得到了一定程度的遏制。在这一时期,唐朝武则天武举制的创立在很大程度上促进了军事体育的发展,并且还形成了尚武风气。唐代体育得到了进一步的发展和兴盛,武术在这一时期也得到了较大的发展。到了隋唐,由于这一时期的经济发展快速、政治稳定,在这样良好的条件下,形成了全国的传统节令活动。同时,这一时期以球戏和节令民俗活动为代表的消闲体育活动也得到了良好的发展和兴盛。

（4）北宋—清时期

这一时期,受宋明理学和的"八股"取士制度的影响,重文轻武的社会风气开始盛行,这严重阻碍了我国民族传统体育的发展。尽管如此,这一时期的军事体育和学校体育还是取得了一定程度的发展。宋代出现了专门的军事学校武学,并且将学习内容细化,分为理论和实践两部分,除此之外,还实行了严格的升留级制度。宋代军官选拔,实行考试制。另外,这一时期实行的教法格、教头保甲制,在构成了一个从上到下按统一规格训练的训练网的同时,还对军事体育的发展起到了积极的推动作用,进一步促进了民间习武的传播和普及。宋代以后,武术运动出现了一个较好的发展势头,并且形成了一个较为独立的体系。另外,消闲娱乐体育在这一时期也有了较好的发展,瓦舍就是各种娱乐、消闲体育活动集中的一个场所。除此之外,"社"的产生,也在一定程度上促进了消闲娱乐体育的发展,如"英略社""踏弩社""园社""水弩社""齐云社"等。发展到宋明以后,民族传统体育活动在消闲娱乐体育的冲击下,只能在原有的轨道上前行,无法冲破旧体系的束缚。宋元明清时期,养生术、炼养术、导引术等逐渐受到人们的喜爱和推崇,获得了一定程度的发展。

第二章　民族传统体育的发展研究

历经各个时期的发展,我国的民族传统体育逐步形成了自己的理论体系,并且以其鲜明的特点及独特的价值,吸引着健身爱好者的广泛参与。本章主要阐述了民族传统体育的大体发展现状及走向,民族传统体育在高校中的教学现状和存在的问题,以及民族传统体育的发展途径及策略。

第一节　民族传统体育的发展现状及走向

近年来,我国以传统武术、太极拳等为突破口,通过对传统武术、太极拳等的大力传播与发展,使我国的很多民族传统体育项目逐渐被世人所认识,获得了较大程度的发展。

一、民族传统体育的发展现状

我国民族传统体育的发展主要包括两个方面:一是民族传统体育的理论体系建设;二是民族传统体育的项目发展。作为我国体育事业的重要组成部分之一,我国民族传统体育的发展是伴随着我国体育事业的建设和改革而发展起来的。

（一）我国民族传统体育的理论建设

我国民族传统体育有着悠久的历史,发展到现在,已形成了一个庞大的理论研究体系。研究我国民族传统体育的理论建设发展现状,总结和归纳民族传统体育自身发展的规律、原则、特点、影响因素等,能为我国民族传统体育具体运动项目的发展提供一定的科学指导,可以保证我国民族传统体育事业的科学性发展和可持续发展。

1. 我国民族传统体育历史文化的发展

(1)我国民族传统体育历史文化研究的背景

在民族传统体育长期的发展过程中,逐步形成了自己丰富的文化内涵。民族传统体育不仅仅是一项体育运动,同时还是民族文化的重要组成部分。在民族传统体育的发展历程中,历史阶段不同,文化形态就不同,而不同的文化形态都对当时我国民族传统体育产生了深刻的影响。

在长期的发展过程中,民族传统体育吸取了各个历史时期的文化因素,尤其受到了封建社会的小农经济、宗法制度、等级制度、儒家思想、道家学说等的影响,这些都对我国民族传统体育的发展产生了极为深远的影响。因此,研究我国民族传统体育的发展与历史文化的关系是理所当然的,这是由我国民族传统体育的历史性和文化性所共同决定的。

(2)我国民族传统体育历史文化研究的现状

对我国民族传统体育历史文化的研究,能帮助我们更好地认识民族传统体育的深刻内涵和价值,对民族传统体育的发展具有重要的意义和作用。在我国民族传统体育历史文化研究方面,国家体育总局武术研究院编著了《中国武术史》。之后,许多学者开始致力于对我国民族传统体育的研究,通过努力,目前,我国已经有了一批民族传统体育的研究成果,如《民俗学概论》《中国少数民族文化通论》《武术学概论》《中国武术文化概论》《中国武术——历史与文化》《传统体育与传统文化》《中国古代体育史》和《云南少数民族传统体育的起源与发展》等,这些学术文章和著作大都结合了民族传统体育的历史因素和文化因素,从政治、经济、社会、地理、风俗等方面对民族传统体育进行了动态的研究,充分照顾到了我国民族传统体育历史悠久、种类繁多、分布较广、受地域和风俗人情影响大等特点,并在此基础上构建起了比较系统和完善的民族传统体育理论体系。

由于影响我国民族传统的历史和文化因素众多、涉及面广,因此,对其进行研究存在着一定的难度。近年来,我国学术界对民族传统体育的理论研究范畴不断扩大,一切与社会历史和社会文化有关的因素都有可能影响到我国民族传统体育的特征、性质、发展规律。实践证明,对我国民族传统体育历史与文化进行的学术研究在很大程度上丰富了我国民族传统体育理论体系的建设,同时对发现与挖掘我国民族传统体育在历史中所占的地位、扮演的角色、体现出的社会价值、发挥出的各种作用都具有十分重要的意义。

2. 我国民族传统体育理论体系结构的发展

(1)我国民族传统体育理论体系结构研究的背景

任何一门相对独立的学科的理论体系都有一定的结构,民族传统体育也同样如此。学科理论体系框架的构建不仅可以确立该学科的研究对象、涉及范围,还对该学科的理论建设具有一定的指导意义,民族传统体育及其理论体系结构建设也不例外。从某种意义上来讲,民族传统体育理论体系框架所规定的内容,可以充分反映民族传统体育的本质和特征,诠释本学科的范畴和性质,能极大地促进民族传统体育的发展。

(2)我国民族传统体育理论体系结构研究的现状

关于我国民族传统体育研究的现状,国内学者大致从以下三个层面对民族传统体育理论体系的框架结构进行划分。

第一,民族传统体育理论的基础研究。基础研究主要是针对民族传统体育的起源、分类、特征、功能等进行的一系列研究,它是从民族传统体育学知识体系中不断分化出来的学科内容。

第二,民族传统体育理论的应用研究。应用研究主要是针对民族传统体育的现代化与市场经济的关系、民族传统体育本身与国际体育的关系等进行的研究,它是结合民族传统体育学的发展,对民族传统体育发展实践中的某些问题和涉及领域进行研究而形成的学科。

第三,民族传统体育的跨学科研究。跨学科研究主要是针对民族传统体育经济学、民族传统体育文化学、武术养生学、民族传统体育运动医学等进行的研究,它是在对民族传统体育进行基础研究的基础上和应用研究的过程中形成的民族传统体育与其他学科的交叉性、拓展性学科。

(3)我国民族传统体育理论体系结构研究存在的问题

总体来看,我国民族传统体育的理论体系研究层次还较低,理论体系框架的构建仍处于一个萌发阶段,主要存在以下几个问题。

第一,研究对象少、研究范畴小。研究较多的是民族传统体育的概念、历史发展、种类内容、特征等处于民族传统体育的基础研究层面;对应用研究方面的研究也仅仅只是对一些民族传统体育文化与经济等问题进行了浅显的探讨,缺乏理论深度;跨学科研究方面涉及项目单一,涉及学科单一,主要是武术文化学,在很大程度上反映了我国民族传统体育学科体系建设的不健全。

第二,研究队伍薄弱。发展到现在,民族传统体育仍然是一个新兴学科,从事该方面研究的人员基本上以高校教师和国家体育总局的工作者为主,还不具备相对稳定的学术团体,也没有与民族传统体育相关的专业的传播活动,因此,我国民族传统体育理论体系的构建正处于初步发展的历史阶段。在今后的发展过程中需要大力加强研究队伍的建设。

3. 我国民族传统体育其他理论研究的发展

(1)我国民族传统体育的内容与分类研究

关于我国民族传统体育的内容和分类,众多专家和学者对其进行了研究和分析。他们在进行研究时,选择的参照物具有很大的差异,其中主要有民族种类、地理分布、项目数量、项目比重、价值功能等,因此,我国民族传统体育的内容与分类格局多种多样、丰富多彩,这在一定程度上促进了民族传统体育学科的理论研究和项目发展。

(2)我国民族传统体育的比较性研究

通过唯物辩证法可以得知,事物之间具有普遍的联系,在体育一体化发展的今天,任何一个体育项目都不可能脱离其他因素的影响而孤立存在。我国民族传统体育是具有中国特色的体育运动,它的发展同世界其他体育运动的发展有着一定的关系,因此进行民族传统体育的比较性研究具有重要的现实意义。

目前,国内部分民族传统体育工作者正在从事民族传统体育与其他体育的比较研究,他们通过对中西方体育项目的内容、特点、价值、功能、传播方式、发展规律等进行对比,总结和归纳出中西方体育的不同特点和优势,目的在于借鉴西方体育的发展优势、丰富我国民族传统体育的内容、完善我国民族传统体育的结构,间接地促进我国民族传统体育的不断发展。

(3)我国民族传统体育的社会学研究

体育人文社会学科是一门专门研究体育与人的关系、体育与社会的关系的学科。在研究民族传统体育时,应充分运用人文社会学的理论知识解释民族传统体育的各种现象,可以为我国民族传统体育在现代社会的发展提出科学的理论指导,对现代化社会背景下的民族传统体育制约因素的改善、良好发展模式的完善具有重要意义,对进一步实现我国体育事业的科学决策和制度建立也能起到促进作用。

民族传统体育的社会学研究属于对民族传统体育的跨学科研究,其理论研究的起点应以体育人文学科的理论为基础,重点研究民族传统体育作为一种有特色的体育运动以及人与社会的相互关系,特别是民族传统体育在历史和社会的发展过程中,应重点研究特定社会时期内民族传统体育对人的社会价值观的影响和形成所发挥的作用。目前,我国民族传统体育的社会学研究刚刚起步,还需要不断地努力,要充分挖掘民族传统体育的深刻内涵。

(4)我国民族传统体育的现代化研究

事物发展离不开科学理论的指导,事物在发展变化的同时其周围的环境也在不断地发展和变化,因此,要想促进事物本身的发展就必须适应不断变化了的客观实际。我国民族传统体育是从原始社会萌芽、经过了漫长的奴隶社会和封建社会发展而来的,是在当时特殊的社会发展下的产物,而在科技高速发展的现代社会,要想促进我国民族传统体育的进一步发展,就必须进行现阶段与长期发展相结合的可持续发展战略研究。

我国是一个多民族国家,我国政府历来都十分重视各民族的发展和繁荣昌盛,把我国的民族传统体育事业作为体育工作的重要内容,十分重视民族传统体育与文化、经济、社会的共同发展,如鼓励各地方民族传统体育文化节的举办、提倡群众性民族传统体育的发展。现在,以民族体育运动会为标志的各民族的传统体育运动项目的大融合,为积极稳定发展我国民族传统体育事业提供了良好条件和有力保障。民族体育运动会的健康、快速发展也促进了我国民族传统体育事业的发展。

目前总体来看,我国民族传统体育正处于稳步发展的阶段,在今后如何较好地为民族传统体育事业制订未来的发展策略和政策,将民族传统体育事业的发展融入我国社会主义现代化建设的事业,成为亟需研究和解决的重要课题。

(二)我国民族传统体育项目的发展

我国民族传统体育项目众多,每一个项目都有自己独特的理论,这些项目的理论建设能在一定程度上推动我国民族传统体育项目的发展。可以说,无论是民族传统体育的宏观理论体系的构建还是单个民族传统体育项目的研究,无论是民族传统体育的历史研究还是民族传统体育的比较研究、跨学科研究、发展战略研究等都为民族传统体育项目的发展提供了理论导向,丰富和发展了民族传统体育的竞技项目、表演项目、健身项目、娱乐项目、教学项目等实践内容。

1. 竞技、表演类项目的发展

一般来说,我国的民族传统体育以健身性和娱乐性为主,但是经过长期的发展,受社会各种因素以及西方竞技体育的影响,我国民族传统体育开始逐渐具有了竞技性,部分民族传统体育项目逐渐走向了竞技行列。受国际体育竞技化的趋势的影响和奥林匹克"更快、更高、更强"的竞技体育宗旨的启发,一些民族传统体育逐渐发展成为与西方体育模式近似的竞技类体育项目,一些民族传统体育项目甚至走进了竞技性较强、组织较规范的现代化体育运动会。

目前,我国政府及相关部门十分重视民族传统体育事业的发展,不仅出台了一系列有利于民族传统体育发展的措施,同时还组织了一些竞技性较强、表演价值较高的项目走进了各种类型的运动会,甚至还有了专门的单个的民族传统体育项目的运动会,如武术表演大赛、全国大学生武术比赛、全国武术套路和散手比赛、全国舞龙舞狮比赛以及其他形式的邀请赛、对抗赛、争霸赛等。经过长期的发展和完善,民族传统体育项目中开始出现一些新的竞技项目,如太极推手比赛、全国散手比赛、国际武术比赛等。此外,经过国家有关部门的不断修改和制订,各项目竞赛规则日益完善、比赛成绩的量化客观评判日益成熟,这些竞技类项目的发展对我国武术事业以及民族传统体育的发展都起到了极大的促进作用。北京奥运会的成功举办,为武术的发展带来了一定的机遇,我国的武术开始正式向国际体育盛会的行列迈进,吸引着国际体育人士的广泛关注。

受多种因素的影响,我国以竞技和表演为主的民族传统体育项目的训练任务主要集中在我国各省区专业队、省市竞技体校、院校表演队和省市民族传统体育项目训练基地,民族传统体育各个项目的科学化训练尚未形成,除了武术竞技项目有相对系统的训练体系外,其他项目的专业性训练还需要很多的工作要做,我国民族传统体育项目的专业训练还需要进一步地发展和完善。在我国民族传统体育项目中,武术、舞龙、舞狮的专业化训练体系发展较为完善,其他项目,如珍珠球、木球、打陀螺、秋千、赛马、射弩等涉及较少,因此,改变以武术等少数项目为主的尴尬局面,挖掘和改革具有竞技性的民族传统体育项目,建立起我国民族传统体育各个项目的完善的训练体制,使各个民族传统体育项目在保留民族特色的基础上能适应当前的竞技化比赛,促进民族传统体育的竞技化发展是十分有必要的。

2. 健身、娱乐类项目的发展

在我国民族传统体育发展的初期,各种运动项目基本上是以休闲、健身为主。经过一段时间的发展,诸多的民族传统体育项目,特别是具有较强的健身价值、娱乐功能的项目,顺应了历史和社会发展的潮流,逐渐融入到广大人民群众的日常生活之中。由于我国幅员辽阔、区域经济差异较大,民族众多、传统体育项目地域分布较广,因此,我国各地区、各民族的健身、娱乐类传统体育项目的活动形式、社会地位和发展状况也存在着很大的差异。下面就详细阐述一下我国民族传统体育中健身、娱乐类项目的发展。

(1)以地域发展为主的项目

该类民族传统体育项目以地域发展为特点,比较符合当地的风俗传统,具有浓厚的民族特色,所以不具有广泛的普及性,仅局限于在某一地域或某些地区范围的少数民族群众中进行发展。该类民族传统体育项目主要有壮族的拾天灯、苗族的爬花竿、蒙古族的叼羊等。

(2)以节日、集会为主的项目

该类民族传统体育项目以参加各种节日活动和集会活动为主,形式多样、内容丰富、影响广泛,多用于营造节日气氛、增添愉悦情绪。该类民族传统体育项目主要有苗族拉鼓节、潍坊风筝节、蒙古族的那达慕大会、温县国际太极拳年会、地方和全国性的舞狮大会等。

(3)以地方协会为组织的项目

该类民族传统体育项目以地方协会组织为主,是社会不同团体成员有组织地进行的各种活动,属于社会活动形式的一种。其目的是健身、娱乐、巩固团队成员之间的关系。该类民族传统体育项目主要有登山协会开展的登山旅游活动、武术协会开展的武术交流大会、围棋协会开展的围棋比赛等。

(4)大众流行的健身娱乐项目

该类民族传统体育项目以大众健身和休闲娱乐为主要目的,具有动作易操作、设备简单、不受时间和空间限制、便于推广等特点,多在普通社会大众之间开展和进行,是我国传统体育项目在社会发展中的主要内容,是我国全民健身的良好的素材。该类民族传统体育项目主要有传统武术、中国象棋、中华养生术、放风筝、跳绳等。

二、民族传统体育的发展走向

民族传统体育作为我国体育事业的重要组成部分,对我国整个体育事业的发展具有重要的促进作用。在21世纪,要做好我国民族传统体育的继承和发展问题的研究与思考,使我国的民族传统体育事业有机地融入我国社会主义现代化建设中来。通过对民族传统体育发展现状的了解和掌握,我们可以预知民族传统体育的未来发展走向,为我国民族传统体育事业的发展指明方向,使我国的民族传统体育事业更加健康、快速地发展。

(一)民族传统体育的科学化发展

要想大力发展我国的民族传统体育,就必须树立正确的科学发展观,保证民族传统体育的科学化发展。这不仅是自身的需要,同时也是与我国社会主义现代化建设相融合的客观要求。在科学发展观的指导下,民族传统体育的各项工作就能得到积极而有效的保障。目前在我国民族传统体育项目中,武术、健身气功等的发展较为显著,值得其他项目借鉴和学习。

以民族传统武术为例,20世纪末,我国的民族传统武术项目受到党和政府的大力支持,不论是在科学研究,还是人才培养方面都取得了巨大的成就,已逐步走上了科学化发展的道路。而纵观整个民族传统体育,其科学化发展只是停留在少数的单一的民族传统体育运动的范畴和层次,这是远远不够的。民族传统体育是一个有机整体,其发展应该注重统一性和同步性,要与当前我国社会发展的国情相适应,并密切结合自己的具体实际,在科学化发展的道路上前进。

总而言之,民族传统体育的科学化发展应是指整个民族传统体育都要实现在以社会主义事业为基础上的科学化发展,它主要包括民族传统体育理论建设、市场发展、人才培养、文化建设、国家相关政策等一系列有机组成部分。

(二)民族传统体育的产业化发展

随着我国体育事业及体育产业化的不断发展,民族传统体育也开始向着体育产业化道路的方向发展。如1999年在广州举行的中美功夫对抗赛,香港一家电视台出资一百多万港元买断了在港的电视转播权,而广州仅门票收入就有一百五十多万元人民币,接着又陆续举办了散打王争霸赛、中法功夫对抗赛、中泰功夫对抗赛等,都获得了巨大的成功。同时,以地方文化和武术发源地为中心举办的各式节、会也成绩斐然,如中国少林国际武术节、中国沧州国际武术节、中国温县国际太极拳年会、中国莆田国际南少林武术节、世界太极拳健康大会等,其中1992年首届温县国际太极拳年会举办一年后,仅外商对该县的投资金额就达十亿多元人民币。这些节、会集武术活动、旅游经贸于一体,以武术活动为形式,以经济活动和文化交流为内容,既推动了武术运动的发展,又加强了本地区和外界的经济技术交流与合作。2001年,国家体育总局批准中国武协与有关方面合作,筹备成立三个武术产业公司。因此,从某种程度上讲,武术产业化的时代已经真正开始。武术项目在产业化道路上的探索与发展,也为其他民族传统体育项目提供了宝贵的经验。

民族传统体育产业化的发展仅局限于部分项目(如武术)和单一的体育旅游活动是不够的,应该在加快整个体育产业和市场化发展的同时,快速推进整个民族传统体育的产业化发展。但需要注意的是,产业化并非是简单的经济效益的增长和经济水平的提升,它涉及诸多方面的因素,如政治、文化、地理等。因此,民族传统体育的产业化发展既要追求经济效益,还要注重社会效益,要保证各方面效益的综合发展。

(三)民族传统体育的人文化发展

民族传统体育历史悠久,在其发展的过程中,不仅成为人们感情的宣泄、劳动、战斗技能的演习和愉悦游戏的本能反应,同时还包含并折射着我们民族不同社会发展时期的文化、政治、艺术、宗教等,并受到相关文化因素的影响,因此,研究民族传统体育的发展,就不能抛开对民族传统体育内在文化价值趋向的研究。只有在正确认识民族传统体育文化内涵及价值的基础上,才能更好地从整体上把握民族传统体育的发展。

发展到现在,我们已经逐渐过渡到知识经济时代,体育的功能及价值发生了转变与转型,在新时期,体育娱乐化、健康化、人文化逐渐成为当今体育舞台的主导趋势,民族传统体育也要认识到这一点,应在吸收和借鉴优秀文化传统的基础上结合自身实际走出一条适合自己发展的道路来。

综上所述,民族传统体育的现代化发展应该接受历史、现在和未来;接受世界、民族和全球化趋势;接受它作为体育、文化的双重功能和价值;接受它的精英性和大众性的双重表现形式,走出一条继承和发扬、改革和创新的发展道路。

(四)民族传统体育人才的发展

教育是衡量一个国家发展水平的重要指标之一,目前,我国实施的"科教兴国"战略,就把教育的发展放在一个重要的地位。近年来,我国的教育取得了一定的成绩,民族地区以及西部等地区的教育得到了较大程度的发展,并在一定程度上促进了本地区的发展,但与东部沿海等地区相比,仍然存在着不小的差距。

21世纪是一个知识经济的时代,非常注重人才的竞争,因此必须要抓好人才的教育。教育水平如果得不到提高和发展,就会影响社会各类人才的培养,并且在很大程度上影响着民族地区学校体育的发展。民族地区的教育发展不上去,就会导致人才发展的失衡和流失,民族地区的传统体育运动也会因之而遭到破坏和没落。

总之,教育的发展是一个基本问题,也是一个长远问题,而民族传统体育以教育为基础的人才发展观的确立,在未来的发展中,无疑将成为发展的中流砥柱。

(五)民族传统体育健身项目的挖掘与发展

自从国务院发布和实施《全民健身计划纲要》以来,全民健身就成为我国大众体育运动发展的主要趋势和方向。因此,民族传统体育项目可以充分利用好这一历史机遇,寻求自身发展的空间,挖掘自身的潜力,从而促进全民健身的发展。

在 21 世纪,我们应利用民族传统体育自身项目多样、功能齐全的风格和特点,加快民族传统体育的改革,完善民族传统体育自身体系和价值系统的建设,编创出符合人民大众健身的项目内容来,这是非常重要的。

目前,以"武术"为首的民族传统体育发展迅速,中华武术历史悠久、源远流长,具有鲜明的民族特色和广泛的群众基础,与现代社会发展对人的要求存在很大程度的契合。更为重要的是,中华武术文化内涵异常丰富,具有极强的容纳力和文化整合力,这非常有利于全民健身计划的实施。

全民健身计划的实施给我国民族传统体育事业提供了有利的发展空间。我们在合理利用发展空间的同时,还需要注意民族传统体育事业的优势发展原则。形成以传统武术、中华养生术等带动其他民族传统体育项目发展的局面,将优势项目与弱势项目有机结合起来,在发挥优势项目的前提下,大力发展弱势项目,使我国民族传统体育事业作为一个整体来发展。

第二节　民族传统体育教学的发展现状及问题分析

随着学校体育教育的改革,近年来一些深受人们喜爱的民族传统体育项目开始逐步走进校园之中,民族传统体育在高校中也取得了一定程度的发展。但由于发展的时间较短,难免还存在着一些问题,下面就重点阐述一下我国民族传统体育教学的现状及存在的问题分析。

一、民族传统体育教学的发展现状

（一）高校民族传统体育教学体系的现状

1. 理论教学方面

我国学校民族传统体育的理论教学体系主要包括民族传统文化理论和民族传统体育理论两个方面。其具体的结构体系如图 2-1 所示。

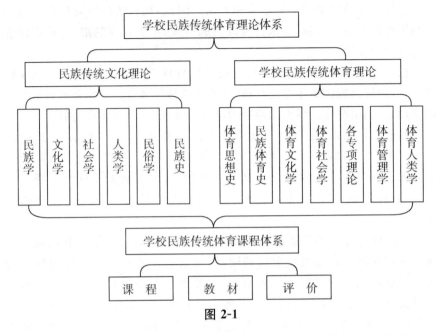

图 2-1

在学校民族传统体育理论体系中,我国民族优秀的传统文化作为一条重要教学线索被引入学校体育教学中,使学校民族传统体育教学理论体系融合了各民族传统体育文化而构成一个较为完整的基础理论性学科体系。民族传统文化理论体系中主要包括民族学、文化学、社会学、人类学、民俗学、民族史等具体内容,涉及范围十分广泛。

此外,在了解和认识我国民族传统文化各方面知识的基础上,以体育科学的相关知识作为教学理论支撑,主要包括体育思想史、民族体育史、体育文化学、体育社会学、各专项理论、体育管理学、体育人类学等具体内容。这些内容不仅充实了学校体育教学学科内涵,还促进了学校体育教学理论的完善和学科体系的建立。

2. 技术教学方面

技术教学是学校民族传统体育教学的主体内容,它是建立在学校民族传统体育的理论教学的基础上的,是民族传统体育教学的有机组成部分。目前我国民族传统体育教学中的技术教学主要包括以下几种类型。

(1)力量型。主要是指以力量大小为取胜标准的对抗性体育项目。如个人力量型项目蒙古族的摔跤;集体力量型项目拔河、龙舟竞渡等。

(2)速度型。该类体育教学项目主要是指以速度快慢为取胜标准的体育项目。该类体育项目内容丰富、种类较多,在比赛中,选手通过合理的技战术运用来充分发挥自身的速度优势以赢取比赛。常见的项目主要有马术、姑娘追、爬杆、高脚竞速等。

(3)技巧型。该类体育教学项目主要是指以灵敏、协调的技术为竞赛标准的体育项目。该类体育项目在我国民族传统体育中数量多、分布广,常见的项目主要有武术、跳绳、跳皮筋、荡秋千等。

(4)智能型。该类体育教学项目主要是指以智力因素取胜的项目。在我国民族传统体育项目中,大多数对抗性体育项目的取胜都需要智力因素的参与,但是智能型民族传统体育教学项目的智力因素表现得更为突出和明显。常见的项目主要有方棋、中国象棋、五子儿、摆方、走顶手、赶羊角、占岗儿等。

总体来看,目前我国民族传统体育项目的技术教学还处于探索与发展阶段,全国民族传统体育教学还未实现真正意义上的统一。在今后的发展过程中,要注重民族传统体育技术教学的科学性和安全性,并进一步丰富我国民族传统体育教学的内容,只有这样才能进一步促进我国学校民族传统体育教学的发展。

(二)高校民族传统体育教学实践的现状

1.教学理论研究状况

受传统观念及各方面因素的影响,当前我国高校民族传统体育在学校体育教育中的地位还比较低,没有受到应有的重视,许多学校领导和学校体育教学工作者都对民族传统体育存在着一定的偏见,认为民族传统体育属于学校体育教育的可有可无的非主流教学内容,因此,我国学校民族传统体育教学理论研究发展缓慢,具体表现在以下两个方面。

(1)学校相关部门及领导对民族传统体育教学缺乏应有的关注,对当前学校的师资培训、课程设置、教学理论建设等方面都缺乏支撑和管理,尤其缺乏对学校民族传统体育的人文关怀,使当前学校的民族传统体育应有的文化感染力和学科价值不断被削弱,同时制约了学校民族传统体育课程资源的开发。

(2)学校民族传统体育教学的主体缺乏主观的内在驱动力,对学校民族传统体育的教学不够重视,缺乏对民族传统体育文化历史沿革、发展处境、规则演变、文化内涵等的了解和认识,部分体育教师对民族传统体育的研究缺乏针对性、系统性。通过检索中国学术期刊网全文数据库显示,我国12所学校民族传统体育的教师在2007年至2009年共发表的体育类论文合计149篇,其中关于学校民族传统体育方面的论文仅11篇,占总发表论文的

7.38％,在这仅有的 11 篇学校民族传统体育论文中有关教学研究的仅为 3 篇,且只涉及到武术教学,学校民族传统体育中其他项目的教学研究几乎没有。

2. 体育教材状况

当前我国民族传统体育教学的教材来源主要有以下几种,即统编教材、本校自编教材、统编自编教材相结合、无统一要求(教师自己掌握)、其他学校编写的教材。据调查显示,在设有民族传统体育项目的 60 所学校中,有 56.7％的学校选择的教材是自编或与他校的合编教材;30％的学校会使用自编教材,一般来讲,使用自编教材的学校规模较大,办学时间较长,师资力量较为雄厚,有条件和实力结合本校的教学特点和所设课程内容编写出较高质量的符合教学实际的教材,如北京大学、南开大学、天津大学、中央民族大学、海南大学、广西民族大学等;学校无统一教材,教师自己掌握教学内容的学校占调查学校总数的 25％(表 2-1)。

表 2-1　我国学校民族传统体育教学教材来源

形式	学校	百分比(％)
本校自编教材	18	30
本校与外校合编教材	16	26.7
无明确教材,教师自定	15	25
其他学校编写的教材	8	13.3
其他	3	5
总计	60	100

另据调查显示,目前我国开展民族传统体育教学的学校的教材内容绝大多数以《大学体育》《大学体育教程》《大学体育与健康》《大学理论教程》《体育与健康》等命名,这类教材多是在学校体育的总框架中编写而成,内容涉及到田径、球类、体操、健美操、武术等主要体育运动项目,知识范围广,综合性较强,民族传统体育教学内容非常少。该类教材虽然在传统的学校体育教学教材的体例和内容上有新的突破,理论上满足了 2002 年以后学校民族传统体育教育理念和课程改革的需要,但是民族传统体育部分仍然存在许多问题。

(1)传统体育项目较少。现有学校体育教学中仅有武术或仅以武术为主,其他传统民族体育项目涉及较少或几乎没有。特别是娱乐性、健身性、趣味性较强的少数民族传统体育大都没有被纳入学校民族传统体育教学。

（2）教学项目欠缺一定的创新性。已有的民族传统体育项目教学内容中，其重点内容总是围绕初级拳三路、初级剑、初级刀和简化太极拳，较传统民族传统体育项目教学而言没有套路的突破和项目的创新。

（3）学校民族传统体育中的武术理论内容未能突破体育教育专业武术学科理论内容。

总体来说，目前我国高校民族传统体育的教材还远远不能适应民族传统体育教学课的需要，理论和实践内容都显得十分单薄和滞后。我国民族传统体育教学教材应与当前我国增强学生民族体育意识，促进学生养成良好的锻炼习惯，提高学生利用一项或两项民族传统体育项目进行终身体育锻炼的能力等要求不符，在促进学校传承民族体育文化的目的方面也需要作出进一步的努力。

3. 教学内容状况

据调查显示，我国共有大约 90％ 的学校开设了民族传统体育项目的相关课程，约 10％ 的高校没有开设民族传统体育项目相关的任何课程，如西藏大学、澳门大学、香港中文大学等。下面就重点分析一下我国已经开设了民族传统体育课程的高校体育教学内容。

在经调查的 90％ 的开设了民族传统体育项目教学的学校中，武术类项目的教学占绝大多数，就当前我国学校民族传统体育的教学内容分类而言，大体可以分为以下几类，即武术类、养生功法类、民俗体育类和少数民族体育类。调查发现，目前民族传统体育课出现共计 42 项民族传统体育项目。其中，包括武术类 18 项，占高校民族传统体育开设总项目数的 42.8％；养生功法类 2 项，占高校民族传统体育开设总项目数的 4.8％；民俗体育类 5 项，占高校民族传统体育开设总项目数的 11.9％；少数民族体育类 17 项，占高校民族传统体育开设总项目数的 40.5％。

总体来看，我国民族传统体育教学内容呈现出以下两个特点：第一，武术类项目是学校民族传统体育教学的主体，其他民族传统体育项目的教学不够普及和完善；第二，一些学校开始的武术类项目的教学内容陈旧、专业性强，即便是学生感兴趣，但是因可操作性差而使该类课程开设后选课的学生较少不能成班，一些项目的教学面临着停开状态。[①] 学校在开展民族传统体育的过程中，体育教师对每一个运动项目的名称、特点以及学习目标、

---

① 曾秀端. 福建省高校民族传统体育课程开设现状与对策研究. 福建师范大学,2007

技术分析、动作要点等内容的研究不够深入,教学内容没有突显出实用性、民族性、趣味性和科学性。

当然,在一些学校体育教学工作者和相关领导部门的重视下,我国的学校民族传统体育教学还是取得了一定的进步。例如,由于我国幅员辽阔,受地域、气候等各地环境的影响较大,各个地区的学校充分利用了本地区的地域优势,积极开展与本地区民族相同或相近的民族传统体育项目的教学,并通过一定的改进使之符合学校教学,符合高校学生的身心健康发展,突出学校教学特色。例如,新疆大学对新疆维吾尔自治区的少数民族舞蹈进行了整合和改造,将打毛线球、帕普孜球、押加等少数民族传统体育项目引入到体育课中;西藏大学由于缺乏民族传统体育教育专业教师等原因,重点开设了民族传统体育、体育养生学等理论课程,民族传统体育实践课的开展也正在逐步纳入体育教学之中。

4. 课程设置状况

我国民族传统体育项目教学还处于初级阶段,因此在课程设置上呈现出以下几个特点。

(1)各校对民族传统体育教育的重视程度存在着差异

各校对我国民族传统体育的重视程度存在很大的不同,一些学校十分重视民族传统体育的教学,在课程设置上也努力突出民族传统体育项目教学的地位,采取必选课的形式进行教学。例如,北京大学等学校在第一学年的第一学期就把武术、太极拳等内容作为全体学生(或男女分项)的必修课程,以促进全体学生都接触和了解我国民族传统体育。而更多的学校则不够重视我国民族传统体育项目的教学,在课程设置方面多以选修课的形式开设,课程多设置在大学第二学年,且教授的课时较少。

(2)各校在民族传统体育项目的授课形式上存在较大差异

各校对我国民族传统体育项目的授课形式有很大的差异,一些学校在进行课程设置时,强调突出专项。例如,哈尔滨工程大学等是以各单项俱乐部的形式进行民族传统体育项目的教学,包括民族体育俱乐部(散打、武术、女子防身自卫术)和课外休闲体育俱乐部等。新疆大学也进行了民族传统体育项目授课形式的试点探索,在一、二年级当中设立民族体育选项班,将各个项目进行分类并逐一进行教学,以促进学生更为系统地学习民族传统体育。

(3)各校都突出以学生为主体的教学方式

在课程设置中,重点分析不同学生所喜欢的民族传统体育项目(表2-2),集中开设大多数学生喜欢的项目进行教学,在民族传统体育课程的设置上充分考虑男女学生的不同项目需求,以及不同学生的娱乐、健身、养生等不同需求。①

表2-2　学生喜爱的民族传统体育课程调查

课程内容	频数	百分比(%)	男生数	女生数	总数
太极拳	280	49.9	120	160	561
太极剑	106	18.9	40	66	561
象棋	105	18.7	70	35	561
散打	98	17.5	86	12	561
钓鱼	84	14.9	69	15	561
毽球	78	13.9	9	69	561
气功	77	13.7	43	34	561
长拳	75	13.4	72	3	561
荡秋千	73	13.0	23	50	561
围棋	70	12.5	56	14	561
棍术	63	11.2	56	7	561
形意拳	49	8.7	37	12	561

5. 体育场地状况

场地是民族传统体育教学顺利开展的保障,目前在这一方面还存在着较大的不足,这主要表现在以下两个方面:第一,我国民族传统体育项目,如跳绳、毽球、武术、跳竹竿、扭秧歌、拔河等的器械简单,对场地没有特殊的要求;第二,学校教育资金有限,对体育教育的投资较少,尤其是对竞技类民族传统体育项目的投资基本上不予考虑。因此,学校忽略了对民族传统体育场地这一重要硬件设施的完善。

调查发现,随着当前我国新一轮的大学校园的建设的进行,各学校均建设了高标准的体育馆、体育场所,但唯独缺乏民族传统教学场地的建设,即使是全国高校中开展较普遍的民族传统体育项目也没有专门的教学场地和训练场地。例如,武术基本上以露天场地为主,毽球使用的是羽毛球场地,一些借用其他体育项目的场地进行教学的民族传统体育项目在课后均存在

---

① 张辉．四川省普通高校民族传统体育课程开设现状与对策研究．四川师范大学,2011

场地被挤占的现象,这些现象严重阻碍了学生对民族传统体育项目的练习和锻炼。一些从事民族传统体育项目的教师也普遍认为,我国高校中民族传统体育场地的缺乏是制约目前教学和课外锻炼开展的重要因素,而且学生的趋利性和从众性也使他们必然热衷于参与或从事西方竞技项目的锻炼而冷落了民族传统体育,长此以往,将不利于我国学校民族传统体育教学的可持续发展。

6. 师资队伍状况

目前我国民族传统体育教学课主要以选项课的形式进行教学,教学才刚刚起步,因此,学校民族传统体育教学师资力量较为匮乏,师资队伍状况不容乐观,需要大力发展。目前,我国学校民族传统体育教学的师资队伍状况主要表现在以下几个方面。

(1)师资的专业性不强。当前学校民族传统体育教学的授课教师也大多数是以武术专业为主的教师,还有很多授课教师是从其他专业项目转过来的。据对广东省各学校的调查发现,其从事民族传统体育项目教学的教师中,专业教师的比例为42.8%,而57.2%为非专业教师。另据一项对宁波12所高校的调查显示,在从事民族传统体育项目教学的教师中,只有15位民族传统体育专业的体育教师,有20%授课教师在工作后才开始接触民族传统体育项目的教学。[①]

(2)师资的教学经验不足。当前学校民族传统体育教学的授课教师缺乏足够的实践教学经验。

为了实现高校民族传统体育的长期、可持续发展,学校有关部门及领导要高度重视民族传统体育教学的师资队伍建设。因此,针对当前我国学校民族传统体育开展的现状,各高校应积极重视人力和物力的组织工作,可通过组织有针对性的培训班、利用举办观摩课、集中授课培训、开展学术交流活动等,使民族传统体育授课教师提高认识、改进教学方法。另外,学校体育工作者需要结合实际,到少数民族地区进行深入学习,虚心请教民族传统体育活动专家,学会民族传统体育运动项目的技能与技巧,掌握其具体的制作方法,以便为学校民族体育的发展和教学质量的提高提供方便有利的教学条件,以促进我国学校民族传统体育的传承和发展。

7. 体育竞赛开展状况

通过调查发现,目前我国民族传统体育的发展还存在着各种各样的问

---

① 杜炳辉. 高校民族传统体育项目的发展现状研究. 体育世界,2011(5)

题,如器材不规范,标准不统一,竞赛制度不健全,规则不严密等,这在一定程度上影响着我国民族传统体育竞赛在学校的开展。

以广东省为例,调查显示,广东省官方开展的各级、各类体育竞赛大多以西方竞技体育项目为主,竞赛内容主要包括大球类、田径类、游泳等项目。省内各民族传统体育项目的单项比赛或校内、校际间的比赛较少。在第8届全国民运会上,广东省代表团委派华南师范大学参加板鞋竞速表演项目的比赛;委派广东技术师范学院参加蹴球、木球表演项目的比赛;委派广州体育学院参加珍珠球表演项目的比赛。在日常的学校体育教育教学中,师生参加民族传统体育运动竞赛的机会较少。

体育竞赛对体育项目的开展具有一定的促进作用,能调动学校师生从事该项体育项目的积极性和主动性,能进一步推动该项体育项目在高校的开展。但就目前我国学校民族传统体育竞赛的开展情况而言,学校其校内年度竞赛计划中均会开展以西方竞技体育项目为主的多项比赛,开展民族传统体育项目比赛的学校较少,且竞赛组织不规范。

二、民族传统体育教学中存在的问题分析

(一)没有明确的体育教学改革的目标

目前,虽然我国的学校民族传统体育教育有了一定的发展成效,但还有一些问题需要进一步完善。其中重要的一点就是缺乏较为明确的改革目标,以运动技术为中心的旧课程体系仍占主导地位。这在一定程度上影响着我国民族传统体育教学的发展。

现阶段,我国学校教育的最终目的是提高学生的全面素质,具体来讲,素质教育的重点是树立学生的终生体育观念,培养学生具备高尚的体育道德情操与一专多能的业务能力,并且使学生的健身意识不断增强,为其终身体育奠定良好的基础,同时,使其学会掌握科学锻炼身体的方法和技巧,从而使其能够继续保持在校期间身体锻炼的近期效益,并能够向终生体育的远期效益进行转化,从而使学生的个性得到充分的发展,学生的智力得到进一步的开发,从而达到促进学生身心健康的全面发展的目的。

学校民族传统体育是我国民族文化和传统体育的重要组成部分,对学生的素质教育具有非常重要的促进作用。当前,尽管我国学校体育教学的改革将对学生体质和健康第一作为教学的指导思想的增强进行了相应的突出,但也反映出了一些问题,比如,学校体育教学的培养目标、课程设置、管理模式等将计划经济的特点和传统思想的烙印较为显著地反映了出来。在学校民

族传统体育教学改革中,依然存在着一些没有得到较好解决的问题,主要有以下几个方面:第一,教学改革目标仍然没有与具体操作的内容结合起来;第二,以运动技术为中心的旧格局仍然存在;第三,以体育与健康强身育人、弘扬民族文化的传统体育没有得到重视,也没有被纳入学校体育教学内容。

综上所述,要想达到学生学有所用,真正实现我国民族传统体育教学与现阶段社会对学生的更高要求相结合,实现学有所教、学有所用,还需要不断地努力。

(二)投入民族传统体育教学的经费有限

学校民族传统体育对学生终生体育意识的形成和终身体育锻炼具有重要的推动作用,因此党和国家以及有关教育部分对此非常重视。我国教育部和国家体育总局等先后出台了多项关于民族传统体育发展的政策,这在一定程度上,推动了我国学校民族传统体育教学工作的开展。目前总体来看,现阶段我国各界对学校民族传统体育教学的支撑大多都只停留在理论上,欠缺必要的实际行动。

我国目前对学校教育资金的投入与世界上的发达国家相比,还是非常有限的,在学校体育场地、设施、器材等建设方面的经费投入还存在着严重不足的问题。在很多学校,推进学校民族传统体育教学只是一句空口号,是一种形式,而没有得到真正的贯彻和落实。

第三节　民族传统体育的发展途径及策略研究

在 21 世纪,民族传统体育要想得到进一步的发展,就要求从事民族传统体育的研究者和相关人员采取一定的途径与策略,找出民族传统体育发展中存在的问题,解决困难,冲破枷锁,争取民族传统体育的更大发展。

一、民族传统体育发展的途径

(一)丰富民族传统体育的文化内涵,健全学科理论研究体系

进入 21 世纪,一些新的、先进的研究手段和方法逐渐被应用于民族传统体育的研究之中,这对于民族传统体育学科理论研究体系的建立是极为有利的,同时也为民族传统体育在新时期的发展奠定了良好的基础。在今后民族传统体育的发展过程中,要组织一批文化学、民族学、民俗学、体育学

学者合作研究,坚持用严谨的科学态度和方法对民族传统体育进行甄别、选择,进而进行全面而深刻的分析。从民族传统体育的文化内涵中进行全面深刻的分析、探寻民族传统体育的本质特征,用现代的理论对民族传统体育中一些古老的命题进行诊释,赋予其新的内涵,使其富有新的意义,再结合现代体育的组织形式,对民族传统体育进行整合,既要显示其鲜明的民族特性,又要使其具有广泛的世界性,使民族传统体育屹立于世界文化的舞台之上,进而实现其真正意义上的复兴。①

（二）加强民族传统体育的社会性教育

一般来说,人们对民族传统文化观念和知识的习得,在很大程度上是依靠非学校教育来进行的。通过节日庆典、宗教仪式、婚丧仪式等途径能直接接触民族体育,对民族体育产生深刻而清晰的认识,这属于民族传统体育的民风民俗传播。民风民俗扩大了民族体育在民族群众生活中的普及性;它与民族史诗、民歌民谣的结合又使其具有了文化继承的必然性、必要性。这一传承途径具有很大的潜力。发展到现在,我国很多民族地区都开展了各种各样的民俗旅游活动,以经济效益为物质基础来保证民族文化的长足发展。这种民族传统体育的发展途径和方法值得提倡和发扬。

（三）加强民族传统体育同竞技体育的结合

民族传统体育不仅具有健身和娱乐的价值,很多项目同时还具有竞技性的成分。发展到现在,我国大部分省市自治区都已建立了开展民族体育运动会的制度,这为民族传统体育项目以及民族传统体育竞赛的发展提供了必要的制度保障。民族地区在一些民族传统体育（或相近似）项目上,显示出较强的民族优势。如内蒙古自治区的"那达慕"大会,其在摔跤、马术等项目上占有一定优势。因此,一些极具地方民族特色的民族体育运动会,应被视为中华民族传统体育竞技化模式改造的方向。民族传统体育的竞技化发展不应过分追求功利,应更加强调多民族文化的交流与融合;更体现人性,更富有亲和力。以全新的活动方式——不是精英型的选拔式和强力展示,而是联欢型的体育节和娱乐参与。注重对健康、健身、休闲的表达,关照老年人、妇女等群体的体育参与倾向,以及对一些人群寻求新的体育形式的时尚性关注。②

---

①　毛骥.全球化浪潮下民族传统体育的生存与发展之道.贵州民族学院学报（哲学社会科学版）,2003(4)

②　李荣芝,虞重干.体育全球化与中国民族传统体育传承研究.体育文化导刊,2007(4)

（四）加强民族传统体育同世界文化的交流与融合

改革开放后,世界各国的文化包括体育文化迅猛地涌进中国,这不可避免地对中国文化包括体育文化产生极大的冲击和影响,成为推动中国各民族传统体育发展的文化动因,与此同时,中国的体育文化也会走出国门,迈向世界,成为世界体育文化的重要组成部分。在这样的形势下,如何在世界体育文化的领域内关照中国民族传统体育;寻找中国体育文化与外国体育文化的契合点;研究中外体育文化的异同;以本民族传统体育为根本,参与世界体育文化的对话与交流,就成为中国民族传统体育研究所面临的新的课题。

在现代化高速发展的今天,中国民族传统体育要站在世界的高度来重新审视自己,积极参与世界文化的交流,自觉摒弃一些不符合科学原理、缺乏时代感的糟粕,放弃一些原生的本民族文化特质,发挥竞争、强体的精神价值,借鉴现代体育竞赛规则、教学训练手段、竞赛组织与管理、运动技战术的基本理论方法,对一些民族传统体育项目进行科学化的改造、整合,使之既富于时代性又保持民族特色,使传统体育走上现代化的道路,实现自身的创新发展,并为促进国际体育文化的进步作出积极贡献。①

（五）加强民族传统体育同学校体育教育的结合

学校作为传承和发展民族传统体育的中介,是原始体育走向规范化、科学化、普及化的必由之路。大量的事实说明,大多数游戏都是在近代以学校作为中介完成了向高水平竞技项目发展的过程。我国的民族传统体育项目作为一种体育活动纳入全民健身体系是完全切实可行的。主要原因有以下几点。

（1）民族传统体育中蕴涵着鲜明的民族文化特色,其表演性、娱乐性强。

（2）场地要求不高,技术也不复杂,便于开展学习。

（3）民族体育项目具有很好的健身与娱乐功效,对强身健体和娱乐身心都具有重要的作用。

（4）同学校教育相结合,可以推动民族学校的校园文化建设。

将民族传统体育纳入学校体育教学,尤其是少数民族地区的学校,唯有这样才能保证其长足发展。具体做法有以下几点:第一,遵照人体发育的基本规律,选择一些适于中小学生开展的体育运动项目;第二,延伸与扩大到

---

① 毛骥．全球化浪潮下民族传统体育的生存与发展之道．贵州民族学院学报（哲学社会科学版）,2003(4)

教材中去,使教材更具有民族性特点,成为学校体育教学内容的有益补充;第三,课程的设置和安排要合理、科学。除此之外,教育部门也应采取必要的措施给予民族传统体育活动在学校开展的重视和支持,制订一些有利于民族传统体育在学校开展的相关政策和措施。

(六)坚持民族传统体育的可持续发展道路

走"生活化"道路是中华民族传统体育可持续发展的一个重要途径。实际上,任何一个国家或民族的体育形式要被世界人民所接受,首先就必须要有广泛的群众基础,这样才能便于开展各种活动。随着我国综合国力的增强,以及人们物质生活水平的极大提高,人们的日常生活已由过去主要关注基本的物质生活资料转变为关注自身的生活质量的提高。在各民族中,深受人民群众所喜爱的民族传统体育项目有着广泛的群众基础,并且符合当前大众的消费能力。因此,一些已具备市场发展条件的项目或活动已经进入市场开发。而且,一些民族传统体育项目如舞龙、舞狮等,已经走上了产业化道路,并实行了较好的市场运作方式。[①]

二、民族传统体育发展的策略

(一)实现本土化策略

民族传统体育要想走可持续发展道路,其"本土化"特质是必不可少的,民族传统体育要实现本土化策略,主要应做到以下几点。

1. 正确应对市场化的冲击

(1)现代竞技体育的快速发展,对民族传统体育的发展产生了一定的影响和打击。民族传统体育陷入了生存危机,这与其在不断市场化过程中的不合理运作有着密切的关系。因此,我们在挖掘和整理民族传统体育优秀文化的同时,还要将其与经济发展结合起来,合理运用市场机制,大力吸引社会资本流向民族传统体育市场,建立现代化的市场运作模式。

(2)实施民族传统体育的本土化策略,要充分挖掘中国体育文化中儒家、道家文化的根源,探析我国民族传统体育中所负载的"天人合一""阴阳五行"等的思想精华,在保证民族传统体育本质的基础上求发展。

---

① 李荣芝,虞重干.体育全球化与中国民族传统体育传承研究.体育文化导刊,2007(4)

2. 加大宣传教育的力度

实施民族传统体育的本土化策略，还需要在人民群众中做好宣传，以提升民族传统体育在社会中的地位。这需要做到以下两点：第一，要加强开展社会教育的力度，充分利用各种文化场所、教育设施开展民族传统体育知识讲座、文化知识培训和鉴赏活动，使民族传统体育得到广泛的普及和推广；第二，把民族传统体育引入学校体育课程，开设各种能强身健体和愉悦身心的体育项目，将民族传统体育教育纳入全面素质教育之中。

3. 积极发挥政府部门的作用

政府是非物质文化保护的主体，对民族传统体育有着保护和扶植的责任，政府要对民族传统体育提供必要的政策扶持。发挥政府的主导作用，主要应做到以下几点。

(1)进一步健全和完善法律法规制度

政府应根据各民族传统体育的具体实际制订出民族传统体育保护的总体规划，加强民族体育传统文化保护的立法工作，明确民族传统体育保护的法律地位。

(2)对民族传统体育采取保护性策略

政府部门应在挖掘、整理、研究民族传统体育的基础上，设立专款专项对民族传统体育进行抢救性保护。特别是对一些优秀的濒临灭绝的民族传统体育项目要花大力气补救，使其能够存活并传承下来。

(二)构建多元保护策略

在我国民族传统体育文化遗产保护上要采取多元保护的基本策略，使我国的民族传统体育逐步走向科学化的轨道，采取的措施主要包括以下几点。

1. 优先保护和培养民族传统体育继承人

在进行民族传统体育文化遗产的保护时，我们在注重物质、文化成果搜集与保存的同时，还要保护和培养那些具有优秀才能的民族传统体育继承人。因为那些创作并传承这些民族传统体育的人才，其所具有的专门知识与高超的技能，更接近于文化遗产"非物质形态"属性的本真，更符合"非物质文化遗产"的内涵，是民族传统体育发展的真正的灵魂。

2. 动员社会力量积极参与

保护和继承民族传统体育文化是一项长期的任务，社会各部门要积极配合,充分发挥和协调政府、社会组织团体、群众等全方位的力量和资源。这需要做好以下几方面的工作。

(1)加强与大众传媒的结合

在现代社会,科学技术发达,大众传播手段非常广泛和迅速,民族传统体育要利用好大众传媒在当今社会的号召力,以吸引更多人对民族传统体育的关注,扩大民族传统体育的社会覆盖面,影响人们对民族传统体育的态度和行为,从而进一步促进民族传统体育的发展。实际上,民族传统体育竞赛本身同样具有的竞争性、激烈性及结果的不确定性,使得大众传媒也愿意为民族传统体育做好宣传和传播。大量的事实证明,民族传统体育与大众传媒的积极结合,是推广和普及民族传统体育的有效、可行的方法。我国的少数民族传统体育运动会就是一个很好的例子。

(2)改革全国少数民族传统体育运动会

我国的"全国少数民族传统体育运动会"的主体是少数民族。这将汉族排除在外,从而造成汉族的许多传统体育活动项目无法进入民族传统体育运动会,这不利于中华民族传统体育文化的广泛传播和发展。在这样的情况下,我们建议应改革民族传统体育运动会的竞赛体制,吸引和接纳一些汉族传统体育项目加入到其中。这对更多的中华民族传统体育走出国门、走向世界具有十分重要的战略意义。

(3)形成以运动会为周期的竞训体制

某些民族传统体育项目要想走竞技化发展道路,就必须同现代运动训练结合起来,否则就难以获得较好的发展。所以,民族传统体育要形成自己的竞训体系,培养自己的专业运动员,形成有效的训练和比赛周期,这样才能在保证竞技水平提高的同时,吸引更多的人们参与其中。这对传播和弘扬我国的民族传统体育具有重要的作用和意义。

3. 建立专业的保护队伍和研究机构

由于我国民族众多,民族传统体育项目内容异常丰富,但它们大多地处偏远,环境复杂,所以,组建一支高效的民族传统体育文化保护队伍和研究机构就显得势在必行。

加强对民族传统体育的科学研究,不仅需要强有力的理论支持,同时还需要具有可操作性的研究成果。只有这样,民族传统体育才能走上可持续发展道路。目前,我国对民族传统体育的研究尚处于起步阶段,对民族传统体育有关问题的研究探讨还需要花大力气进行。

第三章 民族传统体育教学理论研究

随着学校体育教育改革的逐步进行,众多的民族传统体育项目作为选修课进入到学校体育教学中,这极大地促进了我国民族传统体育在学校的开展。民族传统体育要想在学校得到顺利的开展,就必须要有一定的教学理论作指导,这样可以保证民族传统体育发展的科学性,避免走弯路。

第一节 民族传统体育教学学科理论体系

经过一段时间的发展,每一门学科都会建立起自己独特的理论体系,民族传统体育也是如此。在民族传统体育学科理论体系构建的过程中必须要遵循一定的原则,同时还要注意途径和方法的选择。

一、民族传统体育教学学科理论体系构建中应遵循的原则

(一)重塑性原则

重塑性原则是民族传统体育发展的基本原则之一,而在构建民族传统体育学科理论体系时也需要注意这一基本原则。遵循重塑性原则需要注意以下两个方面:第一,引进西方先进的体育思想、机制和观念指导民族传统体育的改良和发展,将先进的教学理念纳入到民族传统体育教学中;第二,加快民族传统体育发展的现代化进程。只有坚持用科学的理论与方法对民族传统体育进行甄别、选择、更新和转化,才能实现真正意义上的民族传统体育的复兴。

在民族传统体育教学中,民族传统体育要想得到重塑和发展,就必须坚持体育服务大众、服务现代社会的发展改良观。另外。还必须同时建立文化的可同化观、可融合观,否则势必将会削弱民族传统体育的社会效用和文化效用。在民族传统体育的重塑和发展过程中,必须认识到传统体育中存

在的局限性以及发展的不利因素。

民族传统体育本身存在着诸多的要素,如主流文化和非主流文化、学术文化和大众文化、精英文化和糟粕文化、官方文化和民间文化,本土文化和外来文化等。从某种意义上来说,今天的民族传统体育的表现形式和内容相比以前已有了很大的不同,形成了既有本土体育又有外来文化因子的形式。因此,就民族传统体育发展的总趋势而言,应当对民族传统体育从内容、形式、作用等多方面进行挖掘和整理,从而使其成为世界体育的一个有机组成部分,使我国的民族传统体育在显示其民族特性的同时,具有鲜明的世界特性。只有这样才能保证我国民族传统体育教学的科学性和先进性。

在民族传统体育教学的过程中,要将民族传统体育中固有的命题,用符合其社会发展的理论进行诠释,赋予其新的内涵,使其富有社会时代意义,使学生明白民族传统体育的深刻的内涵及价值。民族传统体育的重塑,要从现实的需要出发,通过对民族传统体育中积极的形式和内容的重塑,寻求传统体育中的民族智慧和当代效用,为解决当代体育健康、社会健康等问题,提供新的体育发展思路与历史借鉴,补充并丰富现代体育的内容,这才是真正意义上的民族传统体育的重塑。

（二）"文化筛选"的原则

我国的民族传统体育历史悠久,项目众多、内容丰富,有着广阔的发展前景,但由于受主客观等方面因素的影响,在过去民族传统体育很少与其他文化相碰撞,原创文化仍然占据着决定性地位,这不利于我国民族传统体育的发展。

我国的民族传统体育项目众多,这些项目的文化内涵、运动形式,以及参与运动的主体,都相对或多或少的保留着封建的、不科学的,与现代社会发展不相适应的成分。这些成分的存在,从某种意义上来讲是同社会发展潮流不相适应的。因此,要想促进我国民族传统体育教学的发展,也必须要坚持文化筛选的基本原则,选择一些能同学校发展相适应的、符合学生身心健康的民族传统体育运动项目。

遵循文化筛选的基本原则,必须要坚持"古为今用"的思想,坚持文化发展的先进性特质,认清民族传统文化遗产中民族性精华同封建性糟粕的性质,在发展的过程中要吸其精华,去其糟粕。只有这样,才能保证我国民族传统体育以及学校体育教学得到更好的发展。

（三）多元一体化发展原则

文化的多元一体化,是指文化存在本身的多元化。文化的"多元化"表现在两个方面：一是具体文化形式和风格的多样化；二是文化的主体、坐标和取向之间的异质性、异向性等实质性内容。在长期的发展过程中，民族传统体育的全球化发展成为一种历史发展的必然，在这一全球化发展过程中，如何处理好全球化背景下的体育文化的多元一体化问题，民族传统体育内部多元一体化发展的问题，已经成为我国发展民族传统体育的亟需解决的关键问题。在学校民族传统体育教学中，也要坚持民族传统体育的多元一体化发展，广泛吸收有利于学生身心发展的民族传统体育项目，使学生得到全方面的发展。

在以前，由于遭受西方体育的压迫和压制，我国的民族传统体育发展缓慢。而进入 21 世纪后，民族传统体育迎来了发展的机遇，民族传统体育应该顺应时代发展的潮流，坚持多元一体化发展的原则，从而使得我国民族传统体育，以及在学校中的发展更上一个台阶。

在现代社会快速发展的今天，我们必须要加强民族传统体育一体化发展进程中的革新和改良，将民族传统体育的一体化发展建立在多样化的基础之上。我们应充分认识到民族传统体育的一体化发展是无法阻挡的，多元一体化的民族传统体育的继承和发展是历史的必然选择。

（四）变与不变相统一的原则

民族传统体育是随着时代的发展变化而不断向前发展的，其自身所带有的时代性、地域性和民族性的内容，都会随着时代的发展而不断发展和变化着；在与不同文化的交流中，受到异质文化的影响，它也会改变其内容和形式。如花毽变为毽球运动，竞技武术竞赛方式的产生，这就是我们应该认可的"变"，但文化又具有稳定性和延续性。在不断的发展变化过程中，文化中具有的普遍性内容会保存和延续下来，成为贯穿整个发展过程的基本精神、基本特点，形成文化的传统，这就是我们追求的不变。

同样地，在民族传统体育教学中，也要坚持变与不变相统一的基本原则，适时的改变教学项目的内容、形式和方法等，融变与不变于一体之中。

二、民族传统体育教学学科理论体系构建的途径

（一）加强学科体系和教材建设

1. 民族传统体育学科体系建设

随着现代科技的快速发展，大量的、先进的科学技术被广泛应用于体育

教学之中。对于民族传统体育教学来说,这为逐步建立起一个完善的民族传统体育研究的学科体系奠定了良好的基础。民族传统体育是一门综合学科的教学,涉及到文化学、民俗学、民族学、体育学等各个学科的内容,需要不同领域的学者进行合作研究,要求民族传统体育教学工作者坚持用严谨的科学态度和方法对民族传统体育进行甄别、选择和分析。因此,建立健全民族传统体育教学学科体系能使民族传统体育教学工作者更好地组织和实施教学。

目前,我国的民族传统体育教学取得了一定的发展和进步,但还存在着一些问题。在现阶段,我们要从民族传统体育的文化内涵中进行全面深刻地分析、探寻民族传统体育的本质特征,用现代的理论对民族传统体育中一些古老的命题进行诠释,赋予其新的内涵和意义,再结合现代体育的组织形式,对民族传统体育进行整合,体现民族传统体育的民族性和世界性具有重要的意义,能促进我国民族传统体育的真正复兴和发展。①

2. 民族传统体育教材建设

教材是民族传统体育教学的物质保障,没有教材体育教学就无法开展。因此,在现阶段各学校要不断加强民族传统体育教材的建设,创编出优秀的民族传统体育教材,促进民族传统体育教学的发展。国家教委、体育总局组织专家在编写全国统一的普通高校民族传统体育教材,创编大学民族传统体育系列教材的同时,也要考虑做好中小学民族传统体育教材,使之更加科学化和系统化。

关于民族传统体育教材的创编,在编写内容上要力求创新,创编那些具有丰富攻防内涵的精简套路,完善和充实教学理论,增加武德教育、传统文化教育以及健身机理等理论内容;将具有浓郁地方特色的民族传统体育及少数民族体育纳入教材之中,充分体现民族特点;此外将具有代表性的项目编写成双语教材,供世界各国的留学生和华侨生学习,促进东西方文化交流,提升我国民族传统体育在世界体育文化中的地位。

(二)加快民族传统体育课程改革

增强学生身体素质,培养学生"终身体育"的意识是对学生进行体育教育的主要目的。"终身体育"思想的形成不仅可促使人们形成良好的体育健身的习惯,促进身心的发展,更能促进和谐的人际关系的形成,利于社会的

---

① 　毛骥．全球化浪潮下民族传统体育的生存与发展之道．贵州民族学院学报,2003(4)

发展。因此,对民族传统体育教育来说,要始终贯彻"终身体育"思想,积极推进学校民族传统体育课程的改革和发展。

据调查发现,目前我国各大高校的体育课都存在着年限较短的问题,可在适当延长大学本科体育课年限的基础上,对高年级的学生采用必选课的形式进行教学,并以学分制的办法进行管理,另外还可以发展一些体育健身俱乐部,这样就可大大增加大学生对民族传统体育的学练时间,扎实地掌握锻炼方法以及确保民族传统体育在高校开展的效果。对于民族传统体育教学来说也应同样如此。另外,学校教师和相关部门领导还应积极发掘具有地方特色资源和引进少数民族体育,激发学生的学习兴趣。对民族传统体育的发展,各高校应结合自身条件和地域特点,形成自己的特色教学,使得我国高校民族传统体育教学斑斓多姿,丰富多彩。只有这样才能真正促进我国民族传统的发展。

(三)加强民族传统体育的人才培养

人才对我国民族传统体育教学的发展起着至关重要的作用,当前,我国的民族传统体育教育还存在着人才紧缺的现象,这是制约我国民族传统体育发展的重要因素之一。因此,各地区的体委、民委、教委和文化部门应密切配合,一方面应有计划地培养一大批民族传统体育干部、体育骨干和体育教师;另一方面应多渠道、多形式的方法培养多种层次的民族传统体育人才,逐步扩大高等体育院校招收民族学生的名额或开设民族传统体育班,积极培养民族传统体育后备人才。

第二节　民族传统体育教学的方法与原则

近年来,民族传统体育教学项目越来越多,受到学生的欢迎和喜爱,但由于很多教学项目开展的时间较短,在教学过程中还存在着各种各样的问题。因此,民族传统体育教学需要参考其他项目教学的原则及方法并结合自己本身的特点来进行组织教学。

一、民族传统体育教学的方法

(一)语言教学法

在民族传统体育教学中,语言教学法是一种基本的教学方法,其中常见的主要有讲解法、口令法、指示法等几种。

1. 讲解法

讲解法是指教师通过语言的描述,向学生说明课堂教学任务、内容、要求、动作名称、动作要领等教学内容的教学方法。常用的讲解方法主要包括讲述法、重点法、对比法、联系法、比喻法、复述法等。

在民族传统体育教学过程中,通常在理论教学、思想教育和技术动作描述中使用。正确使用讲解法,能有效启发学生的积极思维,帮助学生加深对教材内容的理解,促进学生对传统体育运动技能的正确掌握。教师在运用讲解法时,要着重注意运用的科学性和艺术性,以保证目标教学效果的实现。

2. 口令法

口令法是指教师利用具有一定的形式、顺序、确定内容的简要词句,以命令的方式指导学生活动的教学方法。

在民族传统体育教学过程中,队列队形的练习、队伍的调动、动作的配合等都需要运用相应的口令。教师在运用这些口令进行教学时,应做到洪亮、准确、清晰、及时,并注意根据人数、队形、内容等控制声音和节奏。

3. 指示法

指示法是指教师运用比较简明的语言,组织指导学生活动的教学方法。

在民族传统体育教学过程中,指示法通常在布置场地、收拾器材时或学生在练习时未能意识到的、关键的动作时使用。运用指示法时,教师的指示应准确、及时、简洁,同时注意尽量使用正面词汇。

(二)直观教学法

直观教学法是教师通过对技术动作的实际演示或外力帮助,让学生通过视觉、听觉、触觉、肌肉本体感觉器官等直接感知动作的一种教学方法。在民族传统体育教学过程中,常见的直观教学法主要有以下几种。

1. 动作示范法

动作示范是指教师或教师指定的学生通过完成的动作作为教学动作范例,来帮助学生进行技术动作学练的教学方法。在民族传统体育教学过程中,教师经常会通过直观的、高质量的动作示范来进行复杂技术动作的教学,不仅有助于帮助学生建立起初步的动作表象,还能有效激发学生的学练兴趣,为学生掌握正确的技术动作提供帮助。在运用和实施动作示范时,教师应注意动作示范的目的要明确,示范位置和时间的选择要合理,动作的重点和难点要突出,所进行的动作示范要准确和优美,必要时教师还应进行正确和错误动作的对比示范,以加强学生动作在大脑中的正确定型。

2. 教具或模型演示法

教具与模型演示法是指教师通过挂图、图表、照片等直观教具所进行的一种教学方法。在民族传统体育教学过程中,教师可以充分利用图表、模型和照片等直观教具来帮助学生学习技术动作。直观的教具或模型演示不仅可以让学生进行长时间的观摩,还可以让教师根据情况对某些难点或细微的环节进行有效的突出。运用直观教具与模型演示法时,教学目的要明确,演示方式和时机要合理和恰当,必要时可与讲解示范结合使用。

(三)完整与分解教学法

1. 完整教学法

完整教学法是指教师将技术动作进行从头到尾的连贯性教学的一种教学方法,能有效保持技术动作的连贯性和完整性。通常是在技术动作较为简单或者虽然技术动作较为复杂,但难以进行分解的技术或为了不破坏动作结构时使用。

在民族传统体育教学中,完整教学法能使项目技术动作各个结构之间的内在联系不受破害,方便学生完整地掌握正确的技术动作。

2. 分解教学法

分解教学法是指教师在教学过程中通过将一个完整的技术动作进行合理的分解,然后对各个部分进行具体的教学,最终帮助学生掌握完整的技术动作的一种教学方法。通常在教授较为复杂的动作时使用。

在民族传统体育教学中,分解教学法能化繁为简,化难为易,使复杂的动作变得简单明了,从而简化教学过程,增强学生学习的信心,有利于学生更快更好地掌握复杂动作。如太极拳中的"云手"动作,要求手脚同时运动,而且还要做到上下协调,学生在学习时有较大难度。而教师通过分解教学法,则可以大大提高学生学习的进程。需要注意的是,分解教学法有时会对动作结构造成破坏,从而影响学生正确技术动作的形成,因此教师应将这两种教学方法结合起来使用。

（四）预防和纠错法

预防与纠错法是指教师在民族传统体育项目的动作技能教学过程中，针对学生形成与掌握运动动作中可能产生和已经产生的错误动作及其原因及时发现和认真分析，并采取有效的手段和措施防止和纠正学生错误动作的一种教学方法。

通常情况下，体育教学中的错误的预防和纠正是相互联系的，对一个错误动作的预防措施很有可能成为一个错误动作的纠正手段。预防具有超前性，纠正具有针对性，在民族传统体育教学过程中，预防和纠正错误法应有机统一起来。

（五）游戏教学法

游戏教学法既有竞争性，又有娱乐性，能使学生积极主动地进行练习。游戏教学法可以培养队、组和人与人之间的团结互助关系。民族传统体育大多是从日常生活生产和节庆中演变而来的，具有较强的娱乐性，因此，许多民族传统体育项目本身就是一种游戏，在教学中运用游戏教学法十分有利和有效。

教师在运用游戏教学法教学时需要注意以下几个方面。

（1）教师应利用适当条件，在游戏中加强对学生进行思想品德教育，以避免由于游戏具有一定的情节，而导致学生在扮演角色中出现强烈的个人行为。

（2）教师应科学制订游戏的内容、规则、时间等，合理地控制和调节游戏过程中学生的运动负荷。

（3）游戏具有一定的竞争性，因此，教师在教学过程中以游戏的方式组织学生练习时，应注意对学生的情绪的控制，避免学生出现过激行为，避免学生出现伤害事故。

（六）多媒体教学法

多媒体教学法是一种借用现代媒介手段来帮助学生提高对知识的感知能力和积极性的一种现代教学方法。目前，我国学校的多媒体教学得到了普及，也逐渐在体育教学过程中得到使用。多媒体教学的应用，不仅能改变学生传统的被动接受信息式的学习模式，还能利用以校园网络平台而做成的网站型课件充分调动学生的积极性和主动性。这对于加深学生对动作结构和技术的认识、提高教学质量等具有重要的促进作用。

（七）自主学习法

自主学习法的目的是为了实现民族传统体育的教学目标,使学生在体育教师指导下根据自身条件和需要制订目标、选择内容、规划学习步骤,独立自主地完成学习目标。

在民族传统体育教学过程中,自主学习教学法的应用可以有效确立学生的主体地位,激发学生的学习热情,提高学生的自我学习能力,培养学生终身体育的健康思想,改善传统教学模式减轻教师的教学负担。自主学习教学方法的步骤如下。

(1)自定目标:客观分析评估自己的能力,充分发挥潜能,确定学习目标。

(2)自我调控:对照学习目标,运用所学到的知识和已有的经验自主选择学习活动与学习方法,及时调整学习目标,改进学习策略和方法。

(3)自主评价:依据学习目标,对自己的学习状况进行客观的观察、分析、反思,找出经验和不足。

（八）发现式教学法

发现式教学法运用的目的是挖掘学生的好奇心和求知欲,以发展学生创造性思维为目标,将解决问题作为中心,使学生通过再发现的形式进行学习。发现式教学法的步骤如下。

(1)提出问题或创设问题的情境,使学生产生疑难和矛盾,带着问题去听课或自主学习。

(2)学生通过不断探索和反复练习掌握动作原理及方法。

(3)学生提出假设开展讨论与争辩,作出的总结,得出共同的结论,并通过实践进行验证。

（九）探究式教学法

探究式教学法是指教师在教学过程中引导学生在学习过程中自主选择和确定研究主题,创设研究情境,使学生独立发现问题,进行实验、操作、调查、交流等探索活动,获得知识、技能、情感与态度的发展,同时提高创新能力的教学方法。探究式教学法的步骤如下。

(1)提出问题:教师根据学生已经学习与掌握的知识理论,结合教学内容提出多种假设和可能性问题。

(2)分组讨论:将学生分成若干个学习小组,通过讨论各自提出解决问题的方案。

(3)验证方案:学生通过调查、搜集信息、讨论、实践验证假说与方案。

(4)评价与提高:教师对学生探索和解决问题的过程与效果进行评价,指出不足,帮助学生改善思维能力、提高学习能力。

二、民族传统体育教学的原则

民族传统体育教学需要遵循一定的原则,这些原则包括一般教学原则和特殊教学原则,主要内容如下。

(一)一般教学原则

1. 全面发展性原则

全面发展性原则具体是指民族传统体育的教学应有助于加强学生体质与促进其全面发展。在民族传统体育教学的过程中,教师应充分了解每一个学生的身体、心理和智力水平,促进全体学生在智力、能力、心理素质、美育(感)诸方面都获得良好的发展。

在民族传统体育教学过程中,遵循全面发展性原则应做到以下几点。

(1)树立现代体育教学价值观念,用现代体育教学价值观去评价少数民族传统体育教学的质量。具体来说,民族传统体育的教学不仅要具有生物学价值(即改变学生的生物学特征),还要具有教育学、社会学、心理学、美学等价值。

(2)增强学生体质,重视学生的长期发展。民族传统体育的教学应为使学生精力充沛顺利完成各项任务的近期效益而服务,同时重视对学生进行终身体育教育,为延年益寿和提高中华民族素质的长期效益而服务。具体来说,民族传统体育教学应使学生身体各个部分、各种运动能力、身体素质及生理机能都得到平均协调的发展。并在此基础上,结合体育教学,从心理学、美学和社会学等知识,培养社会主义现代化建设人才。

(3)各项教学工作计划的制订应以保证学生身体的全面发展为根本依据,教师在编写教案时尤其要注意这点。

(4)在民族传统体育教学的准备、实施、复习与评价等阶段中,通过制订教学任务、选择教学内容和运用各种教学方法、手段,都应重视学生的全面发展。

2. 直观性原则

直观性原则指在民族传统体育教学过程中,教师应结合体育运动规律及特点,充分利用学生的听觉、视觉、肌肉本体感觉和已有的知识、技能,以获得生动形象的表象,通过正确示范和广泛运用直观教学手段(挂图、图片、电影、录像等)促进学生掌握体育运动的知识、技术和技能。

在民族传统体育教学过程中,遵循直观性原则应做到以下几点。

(1)讲解要准确。教师准确的讲解有助于学生科学认识民族传统体育的相关知识、技能和运动规律。准确的讲解是科学教学的前提和基础。

(2)示范要正确。直观性原则要求,在体育教学中,教师正确的示范具有重要的作用。教学实践中,教师应充分利用动作声像教材的演示特点和作用,加深学生的直观印象。

(3)重点要突出。民族传统体育教学的直观性原则,要求教师突出教学重点,让学生知道看什么和如何看。

(4)有效引导学生,鼓励学生积极思考。体育教学不同于其他学科的教学,学生要想掌握体育运动的本质与全貌,就必须从感知进入思维进而做到理解。因此,教师在民族传统体育教学活动中运用直观手段和方法进行教学时,应引导学生有目的、有重点、有层次地观察,在学生了解动作形象的基础上,引导学生积极思考,使学生能从生动的直观到抽象的思维,透过现象了解动作技术的特点和有关联系,弄清动作的技术结构、技术关键和完成方法与要领,并最终掌握该动作或技能。

3. 巩固性原则

在体育教学中遵循巩固性原则是由条件反射强化、消退的理论与人体技能适应性规律决定的。民族传统体育的教学过程,是学生认识、理解、掌握、巩固和提高民族传统体育项目运动技能和运动水平的过程,在教学中,为使学生牢固地掌握民族传统体育的技术,获得逐步提高和完善,建立正确的动力定型,就必须通过多次反复地学习和练习,以量变促进质变,使学生不断巩固所学知识和技能,实现增强体质、全面发展的运动目的。

在民族传统体育教学过程中,遵循巩固性原则应做到以下几点。

(1)增加练习次数,组织学生进行经常性、反复性的练习。在民族传统体育教学过程中,当学生初步掌握动作后,就应组织学生进行大量的练习,促进学生的动作从量变到质变,使学生逐步形成正确的动力定型。需要说明的是,这里所讲的反复练习并非简单的重复,而是指教师在组织学生进行练习的过程中要不断对学生提出新的、更高的要求,并经常进行技术评定,使学生看到自己的进步和不足,从而巩固与提高运动技能。

(2)改变练习条件,逐步提高练习的难度。在民族传统体育教学中,适当的改变练习条件,不仅可以检查学生掌握技能的熟练程度,使学生的运动技能得到更好的发展,还可以丰富教学手段,提高学生学习的新鲜感和积极性。

4. 循序渐进性原则

循序渐进性原则是指民族传统体育教学应遵循学生的认知规律、动作技能的形成规律以及人体生理机能活动能力的变化规律,正确安排教学内容和运动负荷,教学过程和方法应由简到繁、由易到难,逐步深化,使学生系统地学习、掌握和提高知识、技术和技能。

在民族传统体育教学过程中,遵循循序渐进原则应做到以下几点。

(1)教学文件的制订应系统。教学文件是进行民族传统体育教学的辅助性教学准备,主要包括课程教学大纲、学期教学进度、课时计划等。可行的、完整的教学文件是民族传统体育教学工作系统、有序进行的保证。

(2)教学内容的安排应合理。在民族传统教学过程中,教师应认真研究教材,了解教材的系统性,把握各项教材和各个运动项目以及同一运动项目不同运动技能之间的关系,以便在编制教学文件时,使每次课的教学内容能前后衔接、符合逻辑、系统提高。

(3)教学方法的运用应有效。教师对体育教学方法的选择和使用应利于学生的学习和掌握。各种教学方法的应用应有助于促进学生由易到难、由浅入深地进行学习和逐步提高。

(4)运动负荷的提高应科学。教师在民族传统体育的教学中,应逐步提高运动负荷,一次课的运动负荷应从小到大,逐步上升,并保持在一定水平上,让学生的身体机能逐步适应运动。一个季度或一个学期的教学中,运动负荷的安排也要遵循循序渐进提高的原则,以增强学生的体质和提高其运动能力。

5. 自觉积极性原则

学生是学习的主体,因此在教学中应遵守自觉积极性原则。在民族传统体育教学中,教师应正确引导学生,激发学生学习的积极性和主动性,使学生能自觉积极地完成学习任务。

在民族传统体育教学过程中,遵循自觉积极性原则应做到以下几点。

(1)发挥教师的主导作用。教师在教学活动中具有主导性作用,在教学中遵循自觉积极性原则要求教师积极发挥主导作用。在教学活动中,教师的一举一动都对学生有着深远的影响。因此,教师应热爱自己的工作,注意自己的言行举止,在教学工作中精益求精,上课时精神振作,口令清晰洪亮,手势清楚大方,讲解生动易懂,还应努力提高示范的质量,通过准确、优美、轻松、自如的动作示范,激发学生的学习兴趣。同时,教师还应重视良好的师生关系的建立,塑造和谐的教学氛围。

(2)明确学生的学习目的。教学之初,对学生进行学习目的的教育,使学生认识民族传统体育在健身、竞赛等方面的意义,增强学生学习的自觉性和积极性具有重要的意义。教师在进行民族传统体育教学的开始阶段,应使学生充分了解和理解少数民族传统体育教学的目的、任务、要求以及考核等相关内容。在每次课开始,应使学生明确本课的任务、内容、要求等,使学生在整个学习过程中能有目的地进行学习。

(3)培养学生的学习兴趣。在教学中重视对学生学习兴趣的培养是体育教学工作的基本要求。实践证明,学生对学习有兴趣,就会努力克服各种困难,认真研究,自觉练习,不断提高。在民族传统体育教学的各个阶段,教师应根据学生的实际情况,提出切实可行的要求,使学生通过一定的努力能够完成学习任务、达到学习目标。使学生能不断看到自己的进步,学会自我思考、自我控制和主动学习。

(4)了解学生的学习心理。在民族传统体育教学过程中,教师应正确了解和把握学生心理活动的规律,及时对学生在教学过程中出现的不良心理现象进行分析和解决,有助于引导学生科学学习和不断提高。在教学实践中,教师应全面了解学生的实际情况,因人而异、"对症下药"。

6. 从实际出发原则

从实际出发原则是指在民族传统体育教学中,教学任务、教学要求、教学内容、教学方法以及运动负荷等都要从客观实际情况出发,力求符合学生的年龄、性别、体育基础、身体素质、心理素质、接受能力,同时充分考虑本校的场地、器材、设备、气候等特点,合理安排教学。

在民族传统体育教学过程中,遵循从实际出发原则应做到以下几点。

(1)充分了解学生。作为教学对象,学生与学生之间存在着或多或少的差异,在民族传统教学活动中,教师应充分考虑学生情况的一般性和特殊性。做到一般要求和个别对待相结合,既要掌握教学班的一般情况,又要了解学生的个体特点,通过各种途径和方法切实掌握学生的情况,以便于因人施教。

(2)合理安排负荷。合理安排运动负荷是促进学生运动素质提高的需要。体育教学的主要特征是身体练习,在民族传统体育教学过程中,学生是在不断承受和适应运动负荷的情况下逐渐学习和掌握各种体育技能的,因此,运动负荷的安排要合理,要与学生的性别、年龄、机体承受能力等相符。

（二）特殊教学原则

1. 地域性原则

我国民族传统体育项目具有明显的地域性特点，不同项目之间存在着较大的差异。因此，在民族传统体育教学过程中，教师应因地制宜，以本土民族传统体育项目为主，充分发挥本地师资力量优势，在此基础上，不断拓展其他民族传统体育项目教学，使学生广泛地了解和掌握我国少数民族传统体育知识和技能。

2. 创新性原则

创新是事物发展的根本推动力，因此创新性原则是民族传统体育教学必须遵守的原则之一。目前，被全国民族运动会采纳的民族传统体育项目的不同程度的创新为我国部分少数民族传统体育向全球传播奠定了基础。但应注意的是，在对我国部分少数民族传统体育项目进行改造和创新的同时，应保持其原有风格特点，保留和保护蕴涵民族意识和民族情感的内容，使之向更合理、科学与规范的方向发展。

3. 兼收并蓄原则

民族传统体育的教学可以吸收很多传统教法中的优秀成分。首先，相近学科的成功教学方法可以被用来借鉴使用。例如武术项目中的悟性教法可以充分发挥学生的潜能，帮助学生深入领会技术。因此，教师可以针对技巧型的项目，鼓励学生积极动脑，通过合理利用自身多种感知和提高技术。其次，其他学科成功的教学经验也可以被民族传统体育教学借鉴使用，例如学导式教法形式主要是通过先让学生进行自学实践，然后进行自我总结，最后通过教师的指导形成有一定程度的理论，这种方法有助于培养和提高学生的学习能力，为学生自主学习民族传统体育新知识和新技能奠定基础。

4. 培养骨干原则

培养民族传统体育骨干人才有助于促进我国民族传统体育的可持续发展。在现代民族传统体育教学过程中，学校教育是培养民族传统体育骨干的最主要场所，通过学校教育来培养民族传统体育方面的骨干十分必要和有效。因此，在教学中，教师应重视对学生进行系统的民族传统体育知识、技术和技能的全面教育，使之成为民族传统体育方面的通才，并根据学生的具体情况有意识地发挥其技术特长，使之成为某一民族传统体育项目的精英。

第三节 民族传统体育教学的课堂组织与实施

要想提高学校民族传统体育教学的质量和效果,体育教师必须要组织和实施好课堂教学。民族传统体育教学的课堂组织与实施的内容如下。

一、民族传统体育教学课堂的组织

(一)个别教学

个别教学是指教师对一个或者几个学生进行单独辅导的一种教学组织形式。在教学过程中,教师可以做到对学生区别对待,及时纠正学生的一些个性问题,有利于培养学生骨干。但这种教学组织形式很难照顾到全体学生,在教学实践中应注意以下几个方面。

(1)教师必须在安排好课堂的整体活动、形式和内容后,才能进行个别辅导。

(2)教师在进行个别教学时要注意抓重点、带一般。

(3)教师在进行个别教学时要认真辅导每个学生,同时兼顾全班的活动。

(4)教师在进行个别教学时要善于发现学生存在的一些共性问题,并采取灵活的方法及时提醒学生。

(5)教师应通过个别辅导让学生有所收获。

(二)分组教学

分组教学是指教师通过分组的形式将全体学生群体分解开来,以小组的形式来进行知识技能的复习、巩固和提高的一种教学组织方式。通常情况下,每个小组的人数应该控制在4~8人。分组教学能有效地发挥学生骨干的作用,提高学生之间团结协作的能力,激发学生的积极主动性,但所需教学时间较长、课堂纪律较难管理,在教学实践中应注意以下几个方面。

(1)合理分组后,明确各学习小组的学习任务。

(2)在小组进行学习前,明确练习地点、练习方法和组织形式。

(3)分组教学中重视发挥学生骨干的作用,使他们帮助教师管理课堂纪律和组织学习过程。

(4)在小组学习过程中,重视分情况对各小组进行个别指导,引导小组的学习活动向着正确的方向发展,必要时教师可暂停学生的学习活动,进行讲解和示范。

（三）集体教学

集体教学是将所有学生集中起来进行教学的一种教学组织形式。这种教学组织形式能更好地指挥学生的学习和管理课堂纪律,有利于贯彻和执行教学意图,但不利于对个别学生进行区别对待的教学、较难体现学生的专项技术风格。在教学实践中应注意以下几个方面。

（1）注意加强课堂纪律。

（2）讲解要精确,示范要正确,领作、指挥位置要恰当。

（3）口令要适合,一般不作个别纠正。

（4）教授新内容时,不宜改变原练习队形的方向。

（5）重视调剂运动量和运动强度。

二、民族传统体育教学课堂的实施

（一）备课

备课是教师进行课堂教学工作的前提,是教学中的一个基础环节。具体来讲,备课就是教师在上课之前,对其上课的内容、方法和课堂中的特殊情况进行的全面的预测和准备。

在民族传统体育教学过程中,备课的形式多种多样,大致可分为个人备课、集体备课、导师批改式备课等三种形式。教师备课包括以下基本要素。

1. 大纲、教材

大纲是一项指导性文件,它能为民族传统体育教学的知识范围、教学内容、教材深度、结构体系、教学进度、教学方法、教学要求等提供依据。因此,教师必须对本专业的教学大纲有一个充分的认识和理解。

教材是根据大纲要求编写的,是教学大纲的具体化,是教师备课的重要知识参考,全面系统的掌握教材内容是教师备课的基本要求,因此教师应认真钻研教材。教师在认识和钻研教材时需要注意以下四个方面。

（1）教师应充分掌握教材中与民族传统体育有关的概念、作法、特点、重点、难点、纠正方法等内容。

（2）教师应充分了解该教材的内容,掌握该教材的特殊性、思想性,认识到该项目教学在体育教学中的作用、意义等。

（3）教师应善于总结和归纳可供选择的优化教学手段和方法,重视科研。

（4）教师应注重参考与教材相关的资料,拓展自己的知识面,提高自身的理论素养。

2. 场地、器材

场地、器材是进行体育教学的物质保证,是教师在备课过程中应重点考虑的基本因素之一。在备课过程中,教师应对教学过程中所涉及到的场地的规格、布局,器材的种类、数量等进行详细的了解,做好场地和器材的协调工作,针对场地和器材不足的情况,教师应发挥主人翁精神想办法自己创造教学条件。

在教学活动前,做好场地和器材的准备有助于教师的教学活动有条不紊的进行,能有效避免不必要的损伤事故的发生。

3. 学生

学生是学习的主体、是教学的对象,全面了解学生,有助于教师有效的提高自己的教学质量和贯彻好因材施教的教学原则。

在民族传统体育教学中,教师对学生的了解内容主要包括学生的人数、姓名、男女比例、年龄层次、政治面貌、技术基础、兴趣爱好、对本课的认识和期望;思想表现、文化基础、组织纪律、课堂秩序以及对老师的态度和看法等。在教学中,教师可以采用观察法、访谈法、调查法、参与活动法等方法了解学生。但在了解学生的过程中,教师应注意以下问题。

（1）教师要通过全面和重点,集体和个人相结合的方式了解学生。

（2）教师要有计划、有步骤、有目的地了解学生,了解学生的态度要真诚。

（3）教师应及时对其了解学生的各项信息进行归纳和整理,并研究出适合学生的教学方法和手段。

4. 教法

教法的选择是教师备课过程中一项重要的工作。教师在教法的选择上也需要对许多方面进行考虑,将大纲、教材、对象、设施等与课堂教学紧密结合起来,从而选择符合教学实际的教学方法和教学手段。具体来讲,教师在选择教法时,要以教材内容、教学任务、教学对象、项目特点、场地器材等情况为依据,并对教学计划,教学课结构,教学组织形式,教材的先后顺序,课堂时间分配,练习次数、组数等合理安排。

（二）撰写教案

教案又称课时计划，是教学活动的规范性文字材料，也是备课工作的继续。在教学管理过程中，撰写教案是教师上好课的根本依据。教师的教案能有效反映其基本的教学态度和业务素质。教师在编写教案时应注意以下几个方面。

（1）教学任务要具体、全面，应与教学内容相符，具体标准为学生通过一定的努力能够完成。

（2）教案内容的安排要科学，技术动作要领描述要准确。

（3）教案的版面布局要合理，条理要清楚。

（4）教案应重点突出，主次分明，前后内容要有内在的关联性；练习时间、数量、负荷要符合学生实际。

（5）教案中文字的描述应言简意明，措词妥当、字体要工整，用词要恰当，结构要规范。一般的，初学某动作要以明确要领，体会动作提法为宜；复习某动作要以进一步体会要领，初步掌握、基本掌握为宜；多次复习动作，应以巩固提高、熟练掌握提法为宜。

（三）试教

试教是教师在熟悉教案内容后，以加深理性认识，纠正不切实际之处的教学实践活动。教师常用的试教形式主要有以下三种。

（1）模拟式试教：教师本人走过场，亦可有对象走过场，或者正式操作一遍。

（2）自由选择式试教：突出重点进行试教。

（3）说课：用语言简要表述教学实施过程、教学组织形式、教法、要求等。

（四）上课

上课是教师进行教学工作的主体活动，在上课过程中应注意以下几方面内容。

（1）作好心理、业务、物质准备：教案随堂自带，以备查看；提前到场，着装整洁；神态谦和，精神饱满；耐心细致，关心学生，师生关系和谐。

（2）认真执行教案。

（3）充分发挥主导作用，调动学生学习的自觉性和积极性，贯彻思想教育为先导的教学思想。

（4）教学组织严谨有序；课堂纪律严格要求。

（5）教法客观、清楚、有效；语言生动、形象；讲解清楚，示范到位。

（6）运动量、运动强度合理；安全保护到位。

（7）教学效果测评达标。

（五）课后小结

课后小结是教学活动的重要组成部分，是通过简要的文字对本次课的实施情况、成功原因做一个重点的分析和记录，对课中存在的一些问题和不足提出具体的改进办法。课后小结的具体内容主要有两个方面：一方面是对教案本身进行检查，如教案中教材的搭配，内容的安排，教法、组织、重点难点、密度负荷、保护手段等各个方面是否科学合理；另一方面是对教案执行情况进行检查，如教材思想性实施如何，讲解是否精炼到位、示范有无吸引力和启发性，教学组织是否严密，是否在教学过程中贯彻了区别对待、因材施教原则，教学任务的完成情况如何以及学生是否满意等。

第四章　民族传统体育教学中营养与保健研究

民族传统体育教学课包括理论教学和实践教学两个部分,在实践课教学中进行一些运动项目的学练需要有一定的营养、保健、运动损伤等基本的知识作保障。通过对民族传统体育教学中营养、保健、运动损伤等知识的学习,能很好地帮助学生参与民族传统体育的教学与训练。

第一节　民族传统体育运动的营养保健

我国的民族传统体育运动项目较多,在进行运动训练前需要了解有关民族传统体育运动的营养保健知识,以避免运动中意外状况的发生,或者在发生意外状况时能很好地及时采取措施解决问题。

一、民族传统体育运动营养保健的基本原则

(一)适当性原则

适当是指人体所摄取的各种营养成分之间的配比要合理,即在全面和均衡的基础上进行适当的饮食搭配。人体元素组成与不同状况下各种营养素的需要量是有一定比例的,只有合理的营养搭配,尤其是热量中的蛋白质、脂肪和碳水化合物三者的比例要合理适当,才能有利于人更好地吸收与利用,保证机体的各种需要。

(二)平衡性原则

平衡是指人所摄取的各种营养成分,应与身体的生理需要之间形成相对平衡。反之则称为营养失衡。营养失衡的一个方面是营养不良,主要表现为头晕、怕冷、易倦、体重减轻等,严重者也可能发生营养不良的疾病;营养失衡的另一个方面是营养过剩,主要表现为营养补充过度,人的体重过量

增加,并引起肥胖等疾病。因此,人体营养需求与补充之间应保持相对平衡,营养的摄入既不要欠缺也不要过量。

（三）全面性原则

全面是指人体所摄取的各种营养成分要全面,不能偏食。人体所需的营养有蛋白质、脂类、碳水化合物、维生素、无机盐、水、纤维素等。任何一种营养素都对人体的健康有独特的贡献,如有欠缺都会直接影响机体的健康。饮食全面才能获取全面的营养。任何一种单一的食物都不能完全满足人体的需要,因而必须有多种食物来源,要注意荤素、粗细、主副食物全面搭配,花、果、根都食用才能达到全面营养。

二、民族传统体育运动营养保健的必备条件

（一）保持良好的食欲

保持良好的食欲对人体营养的摄入是非常重要的。食欲是胃液分泌的兴奋剂,食欲旺盛才能吃得香。饭菜搭配再好,只有食欲旺盛时,才能为人体充分吸收。因为旺盛的食欲使消化腺的分泌和消化道的运动都处于活跃状态。因此,进餐时任何与吃饭无关的事情都会影响食欲,情绪激动、心不在焉、疲劳、争吵或为不幸的事而悲痛等都应视作食物消化的敌人。食欲好坏在很大程度上取决于进餐时的气氛,欢笑是帮助食物消化的最好朋友。

（二）选择良好的饮食环境

良好的饮食环境不仅卫生,同时还有利于人的身心愉悦。所以,良好的饮食环境也是进行民族传统体育运动中营养保健应具备的条件之一。因此,饮食环境要整齐清洁、卫生、优美、舒适,应远离污染环境。在餐厅可悬挂一些色彩调和引人愉快的图画或陈设一些美丽的花卉,伴随一些悦耳的轻音乐,使进食者能够轻松愉快地专心进食,消除工作中的疲劳,以引起食欲和有利于食物的消化吸收。餐厅也需要有良好的采光和充足的照明,使进食者能清楚地看到食物的外观,以便促进食欲。

（三）保持日常饮食的平衡

要想保持日常饮食的平衡,就要在平时多注意食物品种之间的搭配和多样化,营养素之间有的可以互相转换、互相补充,有的则会互相抵消、互相对抗。例如,某些鱼、肉、禽、蛋来源有困难的地方,可以多吃些豆类,以植物

蛋白补充动物蛋白的不足。在蛋白质总体摄入不够的情况下,应充分保证碳水化合物和脂肪的供应,以便提供足够的能量,避免人体结构中已存的蛋白质为单纯供能而消耗。

在日常饮食中,要尽量做到摄入能量和消耗热量均衡,做到收支平衡,保持体重,警惕肥胖。有研究表明,每日饮食中三大营养成分所提供热量最佳比例为 60％的热量应来自碳水化合物,15％来自蛋白质,25％来自脂肪。

（四）注意两餐的间隔时间及三餐比例

在日常饮食中,两餐间隔时间不能太长也不能太短。间隔时间过长会引起明显的饥饿感,血糖也会降低,工作能力下降。间隔时间太短无良好的食欲,进食后会影响食物的消化与吸收,一般两餐间隔时间以 4～5h 为宜。

一日三餐的分配与学习、休息时间相适应,高蛋白食物应在学习、工作前面,不应在睡眠前摄取,因为蛋白质较难消化,会影响睡眠。合理的一日三餐的比例关系如下。

（1）早餐占 25％～30％,早餐中的蛋白质、脂肪食物应多一些,以便满足上午学习、工作的需要。有些大学生膳食早餐分配偏低,仅占全日总热能量的 10％～15％,甚至不吃早餐,这与上午学习、工作的热能消耗是很不适应的,既影响健康,又影响学习效果。

（2）午餐占 40％,糖、蛋白质和脂肪的供给均应增加,由于午餐既补偿饭前的热能消耗,又储备饭后学习、工作之需要,所以在全天各餐中应占热能最多。

（3）晚餐应占 30％～35％,晚餐可多吃些谷类、蔬菜和易于消化的食物,而应少吃些富含蛋白质、脂肪和较难消化的食物。

（五）运动前后不宜立即进食

大部分人在参加完运动后,由于体力消耗较大常感觉到空腹感,便选择立即进食,这种做法是不可取的。据研究发现,人体在进行剧烈运动时,交感神经系统高度兴奋,引起胃肠道的血管收缩,血流量减少,消化腺分泌减少,同时,迷走神经受到抑制,胃肠道的运动减弱。这样,导致运动时的消化与吸收能力都下降。即使运动停止后这种抑制状态还会延续一段时间才逐渐恢复。因此,进餐前后都不宜立即进行剧烈运动。在紧张激烈的比赛期间,运动前进餐不宜过饱,应吃一些营养丰富而又易于消化的食物。

三、民族传统体育运动营养保健的基本要求

（一）青少年儿童的营养保健要求

1. 加强营养补充

（1）基本营养物质的补充

青少年儿童正处于生长发育的关键时期,体内新陈代谢旺盛,因此,对各种营养素的需要量相对地比成年人高。此时,如果营养调配不合理,造成营养过剩或不足,都将影响他们的生长发育和身心健康。

热量是维持人体生理代谢和活动能力的能量。热量主要靠食物中的营养成分供给。提供热量的营养物质主要有碳水化合物、蛋白质和脂肪三大类。碳水化合物每克可供热量为 16.7kJ(4 千卡);蛋白质每克供给热量为 16.7kJ(4 千卡);脂肪每克供热量为 37.7kJ(9 千卡)。一般来说,年龄越小,按公斤体重计算的热量需要量越大。

但是,需要注意的是要切忌摄入过多的糖类,以避免食物的产热量超过需要量,导致体内脂肪积聚过多而出现肥胖。此外,若糖(碳水化合物)摄入不足时,肌体对蛋白质的需要量增加。我国 3～13 岁儿童蛋白质供给量占热能供给量的 12%～14%,青少年期占 12%～15%,每日每公斤体重的供给标准是 1.6～1.9g,男少年每日为 80～90g,女少年为 75～80g。

（2）维生素

青少年时期,维生素的补充尤为重要。一般来说,维生素 A 的供给量 3～5 岁的儿童每日应为 0.5mg,相当于胡萝卜素 3mg,5 岁以上儿童的每日供给量与成人相同。

维生素 C 的供给量,3～6 岁为 40～50mg,7～10 岁为 50～65mg,11～13 岁为 75mg,青少年为 90mg。

维生素 B_1、B_2、PP 的供给量可按热量每 4 185 千焦供给维生素 $B_1$0.6mg,维生素 $B_2$0.5mg,维生素 PP5mg。

（3）无机盐

人体对无机盐的需要量最大的为钙、磷、铁等。我国钙的供给量标准是 10 岁以下为 500mg/d,10～13 岁为 700mg/d。钙与磷的比例为 1:2 或 1:1。铁的供给量是 3～13 岁为 7～12mg/d,青少年为 15mg/d。锌是青少年生长发育时期不可缺少的微量元素,这一时期尤应注意适当补充。

（4）水

水是生命之源，只有保持水分的稳定，才有利于物质代谢的进行和维持正常机能。一般来说，年龄越小，需水量相对较高。

同时，青少年儿童要注意膳食平衡，饮食多样化、均匀化、不偏食、不挑食、按时进餐，防止营养不足或过剩，纠正不良的饮食卫生习惯。

2. 加强运动锻炼

青少年儿童要想更好地成长发育，合理的体育锻炼是必需的。因此，在安排一些具有趣味的民族传统体育活动时，必须严格遵守体育锻炼的卫生原则，在运动项目内容和方式的选择上要同青少年的身心发展的特点相结合。

（1）运动项目的选择

青少年儿童的骨骼承受压力的能力较弱，容易发生弯曲、变形。因此，在运动项目的选择上，要避免选择力量性练习。因为过早从事力量性练习，若练习重量过重、时间过长、次数过多，不仅影响下肢的正常发育，还会导致腿部变形和足弓下降（扁平足）。另外，还应避免在硬的地面上反复进行跳跃练习，防止下肢骨过早骨化或引起软骨损伤，从而影响骨的正常生长发育和身高的增长。

一般在运动项目的选择上，青少年儿童要注意选择有氧运动，尤其注意选择一些方法简便易行、运动形式对技巧要求不高的项目。如跳绳、踢毽子、鞭陀螺、放风筝、跳皮筋等均适宜少年儿童的健身运动。

（2）运动强度

不同年龄、不同性别、不同体质的人运动强度有一定的差别。但一般均有一个大致的范围和一定的规律。例如，美国运动医学会近年来提出，保健运动适宜的运动负荷为个人最大负荷的 60% 左右，活动时间大体控制在 2~4 分钟，对心肺功能的锻炼，运动强度在心脏每搏输出量最大时，对心脏锻炼效果最佳。我国健身运动常用的运动强度公式是 180－年龄＝运动时心率。在达到适宜心率后，要在此基础上至少持续 10 分钟以上才显效。

（二）中年人的营养保健要求

随着现代医学技术的快速发展，人们的保健意识也发生了一定的变化，现在人们都比较注重自我保健。所谓自我保健，就是指由个人、家庭、邻里、亲友等群众自发组织的以促进自己健康水平提高、防止疾病为目的的活动。自我保健的内容，根据美国资料，主要是采取四项基本自我保健行动——不吸烟、饮酒适量、坚持锻炼、注意饮食的质和量。具体应做到以下几点。

1. 建立科学、文明的生活方式

随着时代的发展，人们的生活方式会出现较大程度的不同。在我国现阶段，一般提倡生活规律，讲求卫生、精神愉快，保证睡眠、适当休息及文娱生活、经常锻炼的健康生活方式。而不健康、不科学的生活方式，常会导致一系列社会"文明病"和"富贵病"的发生。

据世界卫生组织的调查，因生活方式不良等原因造成的疾病主要有心脏病、中风、高血压病、癌症、肺病、糖尿病、骨质疏松症等。在发达国家死于这类疾病的占 70%～80%；发展中国家占 40%～50%。据我国同济医科大学调查，死亡因素属不良生活方式的，在心血管病中占 45.70%，脑血管占43.26%，恶性肿瘤占 43.64%。因此，为了缓解这种局面，人们应坚持长期的运动锻炼，而民族传统体育运动就是一种很好的手段。

2. 合理安排膳食

饮食是肌体营养物质的来源。中年人的饮食品种不应单一，要做到多样化，以获得营养素的平衡。每天注意谷类、油脂、蔬菜、瓜果类、乳类、肉、蛋、鱼等食物的调配，克服挑食或偏食的毛病，以免引起某种营养素的缺乏。此外，还应注意微量元素的摄入，注意少食盐，以防止水肿、高血压病等疾病的发生。

3. 坚持科学的健身锻炼

坚持科学的、适度的体育锻炼是延长青春年华，增强体质的最佳方案。中年人即使每天进行 15min 慢跑或 20min 的步行，也会起到一定的健身效果。中年人进行体育锻炼时应注意：①选择适宜的运动项目；②确定适量的运动强度；③合理安排运动时间；④选择适宜的锻炼环境和时间等。

4. 保持心理健康

中年人处在人生的重要阶段，要学会调节自己的情绪，以维持心理平衡。平时应做到：①始终处于较平衡与满足的状态；②保持积极乐观和愉快的情绪；③正确认识自己和正确对待外界的影响；④善于自我控制，从而取得较稳定且健康的人格结构，保持心理健康。

5. 定期进行全面检查

中年人应重视定期的身体健康检查，并建立健康档案。经常了解自己的健康状况，做到心中有数。平时多学习一些必要的医学保健知识，以便及时发现自己身体的一些异常情况,及早就医,避免延误病情。尤其注意做好口腔及牙齿的保健,定期修牙与整补;防止肥胖。

（三）老年人的营养保健要求

1. 加强营养方面的补充

合理的营养与膳食是增进老年人身体健康,防治疾病,延年益寿的重要手段之一。老年人的营养选择和膳食调配,应根据身体和组织代谢功能的特点来进行安排。

（1）蛋白质

老年人每天蛋白质的需要量为 1g/kg 体重,其中优质蛋白质应占蛋白质总摄入量的一半以上。即要注意瘦肉、乳类、豆制品、鱼、虾类等食物的摄入。

（2）脂肪

老年人摄入脂肪应尽量选用含不饱和脂肪酸多的油脂,如花生油、豆油、菜籽油等。每天脂肪摄入量应控制在每千克体重 1g 以内。

（3）糖

老年人活动量减少,体内代谢过程减慢,每日从膳食中摄取的热量应比正常人低 10%～20% 为宜。一般糖约占其 60% 左右。否则有诱发糖尿病的危险。

（4）维生素

在日常生活中常食用新鲜水果和绿叶蔬菜,或补充维生素 C 和维生素 B 等,对老年人的营养保健很有帮助。当老年人胃肠功能降低,不能摄入足够的食物时,易缺乏维生素。在临床上常出现口角炎、舌尖和皮下出血等现象,这时就需要维生素的补充。

（5）无机盐

在日常生活中,老年人尤其应注意钙和微量元素的补充。因此,常食用绿叶蔬菜、新鲜水果、乳类、豆制品类等食物尤为重要。每天膳食中钙的供给量为 0.8～1.0g。老年人还应注意食物不宜过咸,否则易造成钠和水的储留,促使血压升高。因此,老年人每天食盐量应控制在 8g 以下,如果已患有心血管疾病、肾病者,最好控制在 5g 以下。

（6）水

人的生命离不开水,水是人类生存过程中最为重要的营养素之一。对于老年人来说,适量的饮水是非常重要的,适量饮水既可补充水分,又利于消化。尤其对于一些患有心、肾疾病的老年人来说,饮水量一定要适当控制,否则会加重心、肾等脏器的负担。总之,老年人应有良好的饮食习惯,一日三餐合理膳食。定时定量,切勿暴饮暴食。应选择那些易消化的食物。多食含纤维素高的食物,以促进消化液的分泌,刺激胃肠道蠕动,防止便秘,减少肠道癌症的发生。

2. 加强运动锻炼

(1)制订运动处方

运动处方可根据不同需要制订不同的格式,主要内容如下。

1)运动项目。运动项目主要根据运动者所要达到的目的而定。一般健身或改善心血管及代谢功能、预防冠心病、肥胖病等,可跳土家摆手舞、老年健身操等,若改善心情,消除身体疲劳或防治高血压病和神经衰弱,可选择运动负荷较小的轻松性练习,如太极拳、放松操等。

2)运动强度。运动强度对运动效果与安全有着较为直接的影响,掌握适宜的运动强度是执行运动处方的重要措施之一。老年人的运动强度阈值是 60% 的最大心率(50% 摄氧量),其适宜心率为 110~130 次/min,运动后 5~10min 内心率应恢复到安静时的水平。

3)每次运动的持续时间。老年人每次运动时间应控制在 20~60min 之间,其中达到适宜心率的时间可在运动 10min 左右(或视情况而定)。

4)运动频度。每周运动次数至少 3 次,一般每日或隔日运动一次。

5)准备活动。一般有快走、慢跑及原地连续性徒手操等全身性活动形式。在此活动之后,最好再做一些与主项运动内容有关的模仿练习动作。准备活动持续时间的长短、强度的大小,应根据运动者年龄、身体情况、训练水平、季节气候等不同而定。

6)整理活动。为了预防出现昏厥的现象,在剧烈运动后不能立即处于静止状态,而应继续进行一段时间的轻量运动。这就是整理活动。它将使运动者在运动中持续亢进的生理功能逐渐恢复到正常的基础水准。其主要内容包括:第一,1~2min 的缓步慢跑或步行;第二,下肢的柔软体操和全身的伸展体操;第三,下肢肌肉群的按摩或自我抖动肌肉的放松工作。

运动处方制订好以后,应坚持不懈的锻炼下去,不能半途而废。坚持一个时期后,大约在 3~6 个月后,再进行体格检查,以针对其情况再制订出相应的运动处方。

(2)运动锻炼的注意事项

老年人长期从事一些民族传统体育运动锻炼,能有效地改善骨骼的血液供应,保持骨骼的弹性、韧性,提高骨骼的抗压能力;防止肌肉萎缩,增加肌肉的力量;防止关节韧带的僵硬,以保持关节韧带的韧性和灵活性,减缓老年性退行性改变。但是,老年人在参加运动锻炼前,也要进行全面的身体检查,以便选择适当的运动手段和方法。老年人参加民族传统体育运动锻炼应注意以下几点事项。

1)在老年人开始运动或增加运动强度之前,应做全面的身体检查。

2)循序渐进的增大运动负荷,运动强度不要过高。

3)掌握活动限度。老年人如果在运动后感到特别疲劳,睡眠不佳或持续肌肉酸痛。即表明可能是运动过量。

4)运动锻炼要有规律性,并持之以恒的进行。若 1～2 周不运动的话,便会导致健康水平下降。故老年人每周至少锻炼 3 次。但应注意身体患病或感到身体不适时,应立即停止锻炼。

5)做好准备活动。体育运动锻炼以前的准备活动十分重要。年龄越大,准备活动越重要。因为这对于保护老年人的心脏、肌肉和关节及其韧带等,避免意外损伤有着十分重要的意义。

6)运动后或调整运动以后不要立即停止运动,应逐渐减轻运动负荷,以至心率恢复正常为度。

第二节　民族传统体育运动损伤的预防与处理

长期参加民族传统体育运动锻炼,难免会发生一定的运动损伤,下面就重点阐述一下民族传统体育运动中常见的运动损伤的预防与处理。

一、常见运动损伤的预防

(一)全面了解自身的健康状况

运动中的损伤是不可避免的,做好预防措施是非常有必要的。运动者在锻炼前要对自身状况有一个大体的了解。在发现问题时,要及时向老师或医生反映运动过程中的不良反应,进而采取一定的措施和手段尽量减少因身体条件所造成的运动损伤的发生。

(二)合理发展身体素质

在民族传统体育教学中,出现运动损伤是有多方面原因的,其中主要原因是由于自身身体素质的不足而造成的。因此,在教学中,教师要以学生的年龄、性别以及在锻炼中的运动情绪，来对学生的运动负荷、运动强度进行合理的调控。同时还要根据不同的教学内容，对学生进行有针对性的运动灵敏性、力量、耐力、柔韧性、平衡性、协调性等方面的训练，提高学生的运动能力。这样做不但对防止运动损伤有直接作用，而且有助于人们身体素质的提高。

（三）运动前做好准备活动

进行准备活动的目的就是为了提高机体中枢神经系统的兴奋性，使它达到适宜的水平，加强各器官系统的活动，克服各种功能，特别是植物性功能的惰性。通过恢复全身各关节肌肉力量和弹性，并恢复因休息而减退了的条件反射性联系，为正式运动做好充分的准备。

进行准备活动要选择合理的运动量，应根据气候条件、个人各器官系统的功能状况和运动项目的情况而定。若机体兴奋性较低或气温较低，准备活动就应充分些。一般情况下，以身体感到发热、微微出汗为宜。准备活动内容的选择，应以运动项目和比赛的内容而定，要将一般性准备活动和专项准备活动结合起来，做到有针对性。

（四）运动中注意保护

在少数民族传统体育教学中，难免会发生一定的运动损伤或意外，这时就需要加强运动中的保护，提高学生的自我保护能力。教师要教会学生保护和自我保护的正确方法。如摔倒时要立即屈肘、低头、团身，以肩背部着地顺势滚翻，而不可直臂撑地；从高处跳下时，要用前脚掌先着地并同时屈膝，以增加缓冲作用等。

（五）加强易伤部位的训练

在从事一些民族传统体育活动时，较易伤到一些易伤部位，这就需要加强这些易伤部位的训练，这样可以有效加强该部位承受运动压力的能力，减少运动性损伤的发生。例如，为了预防髌骨劳损，可用"站桩"的方法来提高股四头肌和髌骨的功能。又如，为了预防腰部损伤，应注意加强腰腹的训练，提高腰腹肌的力量。从某种意义上讲，腹肌是腰背肌的对抗肌，而且相对较弱，若腹肌力量不足，在运动中易发生脊柱过伸而造成腰部损伤。所以，在进行腰背肌力量训练的同时，要注意腹肌力量的训练。

（六）做好医务监督和场地管理

要定期做好体格检查，并按时复查，这样可让自己对自己的身体状况有一个很好的了解。如果患有各种慢性病,还要加强医学观察并定期做体格检查。禁止伤病患者或身体缺乏训练的人参加强烈的运动或比赛。同时还要做好医务监督,当身体出现不良反应时,要及时作全面的检查,并采取必要的保健措施,要严格掌握运动量,不宜练习高难动作。

在课前,教师要对运动场地、器械设备及个人的防护用具(如护腕、护膝、护踝等)进行认真的安全卫生检查和管理,对于不符合体育卫生要求的场地或穿着不符合体育卫生要求的服装、鞋子等要做谨慎处理。

二、常见运动损伤的处理

(一)挫伤

肌体某部受钝性外力作用,导致该处及其深部组织的闭合性损伤,称为挫伤。民族传统体育教学中一些跑、跳的游戏和动作等都非常容易发生挫伤,最常见的部位是大腿的肱四头肌和小腿前部的骨膜和后部的小腿三头肌、腓肠肌,此外,上肢、腹部、头部的挫伤也时有发生。挫伤后,以肿胀、疼痛、皮下出血和功能障碍的症状为主。

处理方法:在发生运动损伤后应马上进行局部冷敷、外敷新伤药等,适当加压包扎,并抬高患肢,以减少出血和肿胀。肱四头肌和小腿后群肌肉的严重挫伤多伴有部分肌纤维的损伤或断裂,组织内出血形成血肿,应将肢体包扎固定后,迅速送医院诊治。头部和躯干部的严重挫伤可能会伴有休克症状,应认真观察呼吸、脉搏等情况,休克时应首先进行抗休克处理,使伤员平卧休息、保温、止血、止痛,疼痛严重者,可口服可卡因,或肌肉注射杜冷丁,并立即送医院进行诊治。

(二)擦伤

肌体表面与粗糙的物体相互摩擦而导致的皮肤表层的损害,叫做擦伤。擦伤的症状为表皮剥脱,有小出血点和组织液渗出。

处理方法:擦伤较轻者,可用生理盐水或其他药水冲洗伤部,涂抹红药水或紫药水,无需包扎,一周左右即可痊愈。面部擦伤宜涂抹 0.1%新洁尔灭溶液;对于擦伤较重者,需用碘酒或酒精在伤口周围消毒,如果创面中嵌入沙粒、炭渣、碎石等,应用生理盐水棉球轻轻刷洗,消除异物,消毒后撒上云南白药或纯三七粉,盖上凡士林纱布,适当包扎。若不发生感染,两周左右即可痊愈。关节周围的擦伤,在清洗、消毒后,最好用磺胺软膏或青霉素软膏等涂敷,否则会影响活动,并易重复破损。

（三）拉伤

肌肉受到强烈牵拉所引起的肌肉微细损伤、部分撕裂或者完全断裂，叫做拉伤。在民族传统体育教学中，常会发生大腿后群肌肉和小腿后群肌肉的拉伤。发生拉伤后，拉伤部位局部出现肿胀、疼痛、压痛、肌肉发硬、痉挛、功能障碍。如果肌肉断裂，伤员受伤时多有撕裂感，随之失去控制相应关节的能力，并可在断裂处摸到凹陷，在凹陷附近可摸到异常隆起的肌肉断端。

处理方法：拉伤时应立即采用氯乙烷镇痛喷雾剂等进行局部冷敷，加压包扎，并把患肢放在使受伤肌肉松弛的位置，以减轻疼痛。肌纤维轻度拉伤及肌肉痉挛者，用针刺疗法会取得良好的效果。肌肉、肌腱部分或完全断裂者应在局部加压包扎，固定患肢后，马上送医院诊治。

（四）皮肤撕裂伤

皮肤撕裂伤是指皮肤受外力严重摩擦或碰撞所致的皮肤撕裂、出血。

处理方法：撕裂伤轻者，首先进行消毒，然后以胶布黏合或用创可贴敷盖即可；撕裂面积较大者，则需止血缝合和包扎。如有必要可酌用破伤风抗毒素肌内注射，以免引起破伤风。

（五）骨折

骨的完整性遭到破坏的损伤称为骨折。骨折主要有闭合性骨折和开放性骨折两种。闭合性骨折，即骨折处皮肤完整，骨折端不与外界相通。开放性骨折，即骨椎端穿破皮肤，直接与外界相通，这种骨折极易感染，易发生骨髓炎与败血症。除此之外，还有复杂性骨折，即骨折断端刺伤了血管、神经等主要的组织与器官，发生严重的并发症，引发危及生命的一些症状，这种骨折比较严重，发生损伤后应立即送往医院进行专业的治疗。

处理方法：

（1）骨折固定前最好不要移动伤肢，以免增加伤员的痛苦和伤情，应尽快固定伤肢，限制骨折断端的活动。对大腿、小腿和脊柱骨折应就地固定。

（2）若有休克和大出血等危及生命的并发症时，应立即抢救休克和止血，给予伤员较强的止痛药物，平卧保暖，针刺人中等，这时可以采取简要的止休克措施。

（3）对有伤口或开放性骨折的伤员，首先要止血，止血多采用止血带法和压迫法。然后，用消毒巾或纱布包扎后，及时送到医院治疗。同时也要注意，对已暴露在伤口外的骨折断端不要放回伤口内，以免引起感染，也不可任意去除。

（4）使用固定用具,长短宽窄要合适,长度须超过骨折部的上、下两个关节,夹板与皮肤之间要有垫衬物固定,先固定骨折部的上面和下面,再固定上下两个关节。

（5）伤肢固定后要注意保暖,检查固定是否牢靠。四肢固定时要观察肢端是否疼痛、麻木、发冷、苍白或青紫,如出现这些情况则说明包扎过紧,需放松一些。

（六）关节扭伤

关节扭伤是指在运动中关节发生异常扭转,引起关节囊、关节周围韧带和关节附近的其他组织结构损伤。关节扭伤后,关节及周围出现疼痛、肿胀,有明显的压痛感觉,关节活动障碍。

处理方法:急救时应仔细检查韧带是否部分撕裂或完全断裂,关节是否失去功能,注意以冷敷、加压包扎或固定关节为主,外敷活血止痛的药物。受伤严重时马上送医院作进一步的诊治。

（七）关节脱位

关节面失去正常的联系,叫做关节脱位。关节脱位时,通常伴有关节囊撕裂,关节周围的软组织损伤或破裂。关节脱位后,受伤关节疼痛,有压痛和肿胀,关节功能丧失,受伤的关节完全不能活动,出现畸形,关节内发生血肿。如果不及时复位,血肿会机化而发生关节粘连,增加关节复位的困难。如果没有修复技术,关节脱位后不可作修复回位的手术,以免加重损伤,应马上用夹板和绷带在脱位所形成的姿势下固定伤肢,尽快送医院治疗。

处理方法:肩关节脱位时,取三角巾两条,分别折成宽带,一条悬挂前臂,另一条绕过伤肢上臂,于肩侧腋下缚结。肘关节脱位时,用铁丝夹板,弯成合适的角度,置于肘后,用绷带缠稳,再用小悬臂带挂起前臂,也可直接用大悬臂带包扎固定。

（八）大腿后部屈肌拉伤

在完成各种动作时,当肌肉主动收缩或被动拉长超出其所能承担的能力时,可造成大腿部肌肉的急性拉伤。准备活动不充分、不当地使用猛力、疲劳或负荷过度、技术动作有缺点、气温过低、场地粗糙是常见的致伤原因。该肌群训练不充分,肌肉弹性、伸展性差,肌力弱是发生损伤的内在因素。肌肉拉伤轻者,可仅有少许肌纤维撕裂或肌膜破裂;重者,可造成肌肉大部或完全断裂。

处理方法：

(1)肌肉微细损伤或伴有少量肌纤维撕裂者,伤后应迅速给予冷敷,局部加压包扎,休息时应抬高患肢。

(2)24～48h之后可开始理疗和按摩,按摩时手法宜轻柔,伤部仅能做些轻推摩,伤部周围可做揉、捏、搓等,同时配合点压穴位(宜取伤周穴位)。

(3)如肌肉大部或完全断裂者,在局部加压包扎并适当固定患肢后,应及时送往医院诊治。

(九)腰肌劳损

腰肌劳损就是医学上经常提到的腰肌筋膜炎,其病理改变是多种多样的,包括神经、血管、筋膜、肌肉、脂肪及肌腱的附着区等不同组织的变化。通常多系急性扭伤腰部后,治疗不彻底即参加运动,逐渐劳损所致。另外,锻炼中出汗受凉也是重要成因之一。发生腰肌劳损时,腰部会出现局部酸疼发沉等自发性疼痛,最常见的疼痛部位是腰椎3、4、5两侧骶棘肌鞘部,不少患者同时感觉有疼麻放射到臀部或大腿外侧。大部分伤者尚能坚持中小运动量的锻炼,一般表现为练习前后疼痛。而在脊柱活动中,尤其是前屈时常在某一角度内出现腰痛。

处理方法:可采用理疗、针灸、按摩、封闭、口服药物、用保护带(围腰)及加强背肌练习等非手术治疗手段;对顽固病例可手术治疗。

(十)肌肉拉伤

肌肉拉伤是指在外力直接或间接作用下,使肌肉过度主动收缩或被动拉长所致的肌肉纤维损伤或断裂。拉伤时局部疼痛、压痛、肿胀、肌肉紧张、发硬、痉挛。当受伤肌肉主动或被动拉长时疼痛加重。有些损伤有闪痛、撕裂样感,肿胀明显及皮下淤血严重,触摸局部有凹陷及一端异常隆起者,可能为肌肉断裂。

处理方法:轻者可立即休息,抬高患肢,局部冷敷并加压包扎。疼痛明显者,可酌情给止痛药。24h后开始理疗和按摩。如肌肉大部分或完全断裂,应加压包扎并立即送往医院处理。

(十一)胫骨痛

胫骨痛在运动医学中又称为胫腓骨疲劳性骨膜炎。此病多发生在跑、跳等运动项目中。由于这类活动使大腿屈肌群不断收缩,而过度牵扯其胫腓骨的附着部分,致使骨膜松弛,骨膜下出血,产生肿胀、疼痛等炎症反应,导致出现此病。胫骨痛时骨膜松弛,骨膜下出血,并产生肿胀、疼痛等炎症反应。

处理方法：发生胫骨痛后，要注意足尖跑、跳的运动量，不要加重下肢的负担，进行少量的运动以促进慢慢恢复。在进行运动前一定要做好准备活动，运动后做好整理活动，可进行局部按摩。伤势严重者，立即就医。

（十二）踝关节扭伤

踝关节扭伤属于关节韧带损伤，在运动训练中最为常见。造成踝关节上扭伤的原因是踝关节过度内翻或外翻而导致的踝关节内、外侧韧带受损。发生扭伤时，伤者伤处疼痛、肿胀，韧带损伤处有明显压痛，皮下有淤血。

处理方法：暂停运动，冷敷，加压包扎，抬高患肢。24h 后可以进行热敷和按摩。严重的扭伤或怀疑有韧带撕裂时应及时求医。

（十三）肘关节损伤

肘关节损伤是由于运动技术不合理、运动方法不得当而发生的损伤。在进行小球类运动锻炼时常发生肘关节损伤。

要避免肘关节损伤的发生，就应该做好充分的准备活动，合理安排运动量与负荷。在运动结束后，要做好整理活动，按摩肘部，以促进疲劳的恢复，加强保护。

处理方法：

(1)发生损伤后要对伤肘做特殊处理，并适当的休息，以促进恢复。

(2)损伤发生后，可以局部冷敷，加压包扎，外敷新伤药。24h 之后，可进行理疗、按摩、外敷中药。

(3)可采取局部封闭注射肾上腺皮质激素类药物的方法，对慢性伤者，应以理疗、按摩、针灸治疗为主。

(4)对有肌肉韧带断裂或伴有撕脱骨折者，宜进行手术缝合术等。

(5)发生急性损伤后，在治疗期间要禁止参加大强度的运动训练，以免加重损伤。

(6)进行处理后，如果伤者损伤部位没有疼痛，即可进行运动，但运动负荷的量与强度要适宜。

(7)伤者在练习与康复时，要佩戴必要的保护装置，如护肘、弹力绷带等，以免加重机体的负担，造成其他的运动损伤。

第三节 民族传统体育运动疾病的预防与治疗

一、过度紧张

（一）原因

过度紧张是由于一时性运动负荷过大或者过于剧烈，并超过机体一定的承受能力而产生的一系列急性病理现象。常以急性心血管病变为多见。多在剧烈运动后即可出现。

（二）预防

（1）运动前做体格检查。运动者参加训练或比赛前应做全面的体格检查，凡患有急性疾病（如感冒、胃肠炎、扁桃体炎、高热等）患者、心血管功能不佳者均不宜进行剧烈的运动和参加比赛。

（2）对于因某些缘故中断锻炼时间较长者，若需再活动时，不应突然加大运动量，以防止过度紧张状态发生。

（3）加强身体的全面训练，遵循科学的训练原则。如运动训练时，要注意循序渐进、个别对待、充分做好准备活动等。尤其对于训练水平低或身体素质较差者，要根据实际情况量力而行，绝不可勉强要求其完成运动负荷。

（4）加强医务监督。在平时运动训练时要注重医务人员的监督指导；比赛期间加强临场医务工作。

（三）治疗

当运动者在运动过程中出现头晕、恶心、心悸等症状时，应立即停止运动，并嘱患者保持安静、保暖、平卧、松解衣领、裤带。救护员点掐患者内关、足三里穴位。如有昏迷者，再加用人中、百会、涌泉、合谷等穴。如呼吸、心跳停止者，应做人工呼吸和胸外心脏按压。在进行上述初步急救处理的同时，要及时请专职医生诊治或速送上级医院进行抢救处理。

二、运动性晕厥

（一）原因

晕厥是指突然发生的、暂时性的意识、行为能力丧失的一种生理现象。

运动者发生晕厥多是在大强度训练或者激烈比赛中或者比赛后。它可以是过度紧张的一种表现。其主要发病机理是脑部一时性缺血、缺氧所致。

（二）预防

经常坚持民族传统体育运动锻炼，能有效地提高心血管系统的机能。需要注意的是，在饥饿或空腹时不宜参加体育活动；做力量性运动时要注意呼吸与运动配合，避免过度憋气；在进行剧烈运动后，应休息约半小时再洗浴，防止因周围血管扩张而导致心脑组织缺血，避免晕厥的发生。另外，一旦感觉有晕厥前兆发生时，应立即俯身低头或平卧。

（三）治疗

首先使病人处于平卧或头略低位，松解衣领及束带，立即用热毛巾作面部热敷，同时，作双下肢向心性按摩，手法采用重推或重揉捏，并点掐或针刺人中、百会、涌泉等穴。待患者清醒后给以热饮料或热开水，并注意休息。若经上述处理神志仍未能及时恢复，应将患者及时送医院做进一步抢救。

三、肌肉酸痛

（一）原因

运动者在运动时肌肉活动量过大，而引起局部肌纤维及结缔组织的细微损伤，以及部分肌纤维的痉挛所至。主要表现为：局部肌肉纤维细微损伤及痉挛；整块肌肉运动时存在酸痛感。

（二）预防

（1）做好充分的准备活动，注意运动中有关局部肌肉的活动锻炼要充分。

（2）科学、合理地安排运动负荷。

（3）避免长时间锻炼身体某一部位，以免加重局部肌肉的负担，造成额外的运动损伤。

（4）运动结束后，要做好整理运动，可采用一般放松练习和肌肉伸展牵引练习。

（三）治疗

（1）对酸痛局部进行静力牵引练习，保持拉伸状态 2min，然后休息

1min,重复练习。

（2）对酸痛的局部肌肉进行热敷,促进血液循环及代谢过程,有助于损伤组织的修复及痉挛的缓解。

（3）对酸痛局部进行按摩,使肌肉放松,促进肌肉血液循环,有助损伤修复及痉挛缓解。

（4）口服维生素 C。维生素 C 有促进结缔组织中胶元合成的作用,能加速受损组织的修复和缓解酸痛。

（5）补充微量元素锌元素,锌元素有利于损伤肌肉的修复。

四、肌肉痉挛

（一）原 因

肌肉痉挛俗称抽筋,是肌肉不自主地强直性收缩的一种现象。任何运动项目均可能由于某种原因而引起肌肉痉挛,最多见于游泳、举重、长跑、踢球、跳绳等运动过程中。最易发生痉挛的肌肉为小腿腓肠肌,其次是屈拇肌、屈趾肌。

（二）预 防

注意加强体育锻炼,提高机体的耐寒能力。每次运动前要做好充分的准备活动。对于运动中承受负荷大或易发生痉挛的肌肉,进行适当的运动前按摩。冬季运动要注意做好保暖措施。夏季运动时或剧烈运动或长时间运动时,要及时补充水分、电解质和维生素。饥饿、疲劳时不宜进行剧烈运动。游泳下水前注意用冷水冲淋全身,以提高身体对寒冷环境的适应能力。

（三）治 疗

较轻微的肌肉痉挛,一般只要采用以牵引痉挛肌肉的方法,即可得到缓解。一旦某块肌肉出现强直性收缩（痉挛）,即用手握住其相应肢体,向其肌肉收缩的相反方向牵拉。注意牵引时切忌用暴力,用力宜均匀、缓慢,以免造成肌肉拉伤。

例如,小腿腓肠肌痉挛时,嘱患者取坐位或平卧位,伸直膝关节,医者双手握住患者足部,用力使踝关节充分背伸（绷脚）;当屈拇、屈趾肌痉挛时,用力使踝关节、足趾背伸。同时,在局部均可配合按摩疗法,如:用重力揉捏和按压等,以缓解肌肉僵硬,还可采用点掐法或针刺承山、涌泉、委中、阿是穴等缓解肌肉痉挛。

五、运动性腹痛

（一）原因

腹痛是疾病的一种症状。运动中腹痛是指体育运动引起或者诱发的腹部疼痛，一些耐力性、较激烈的运动项目中其发病率较高，其疼痛的程度与运动量的大小、运动强度等因素成正比关系。

（二）预防

运动前合理安排膳食，不宜过饱、过饥或过度饮水，安排好进餐与运动的间隔时间，一般进餐后应休息两小时左右，再进行剧烈运动。运动前充分做好准备活动，运动中注意呼吸的节奏，中长跑运动时应合理控制速度。平时注意加强全面身体训练，以提高生理机能，并在训练时遵守科学训练的原则，循序渐进地增加运动负荷。对于因各种疾患引起的腹痛，应及早就医确诊，彻底治疗。病愈后须在医生指导下进行体育活动。

（三）治疗

若在运动中出现腹痛，应立即降低运动强度或减慢运动速度，加深呼吸，调整呼吸及运动节奏；用手按压疼痛部位，或弯腰慢跑，一般疼痛症状可减轻或消失。如经过少许时间仍无缓解，即应停止运动。如果疾病诊断明确，还可口服解痉药物，如阿托品、普鲁苯辛等，同时，还可进行腹部热敷，或点掐或针刺足三里、大肠俞、内关、三阴交等穴。如果仍无好转，则需立即送医院进行诊治。

六、运动性血尿

（一）原因

血尿是一种临床症状，意为尿液在显微镜下见到有数个或者数十个红细胞（有时肉眼见尿液呈洗肉样水），即为血尿。引起血尿的原因很多，若在无器质性疾病前提下，单纯由于剧烈运动而引起血尿者，称为运动性血尿。据报道，运动者中的血尿约有49%属于运动性血尿，发病年龄多在19～25岁，男性多于女性，在跑、跳、球类和拳击项目中较为多见，民族传统体育中的抢花炮、跳绳、高脚马、摔跤、散打等多项运动亦可能发生运动性血尿。

（二）预防

合理安排运动量，注意个人防护和个人卫生。如：运动时的服装、鞋袜要符合卫生要求，防止在过硬的地面上反复跑跳，避免长时间做腰部的猛烈屈伸运动。

（三）治疗

运动性血尿诊断成立之后，可以参加运动锻炼，但要调整好运动量和运动强度。加强医务监督，定期尿检，并给予适当的治疗，如服用维生素 C 或肌注安络血、维生素 K，还可用中草药如小蓟饮子药方：生地黄 30g、滑石 15g、小蓟 15g、木通 9g、炒蒲黄 9g、藕节 9g、淡竹叶 9g、山栀子 9g、当归 6g、炙甘草 6g。辨证施治，疗效显著。

七、运动性疲劳

（一）原因

运动性疲劳是由于长期练习的方法不当、疲劳积累所引起的一种病理状态。运动负荷过大、缺少必要的调整是过度疲劳产生的主要原因。除此之外，违反循序渐进原则和系统性原则，没有合理、科学地进行锻炼；身体状况不佳，练习者没有针对性地进行锻炼；在急性疲劳状态下强行锻炼等也易发生过度疲劳。

发生运动性疲劳时，患者常感到浑身乏力、精神不振、头昏脑胀，不愿参加任何活动。

（二）预防

(1)运动锻炼前做好充分的准备活动。
(2)缺乏运动锻炼者要选择较低的量与负荷，避免长时间的剧烈运动。

（三）治疗

(1)调整训练计划和项目，减少运动量，并注意休息，保证充足的睡眠时间，2～3 周以后即可恢复正常。
(2)如未能早期发现，过度练习发展到中、后期，病情进一步发展，必要时应立即停止技术动作的练习，调整作息制度，并加强营养。
(3)同时可根据病情进行药物治疗，如服用 VC、VB_1、VB_6、VB_{12}、葡萄糖、ATP 等。

八、岔气

（一）原因

岔气是指运动时发生与腹痛位置不同的突然性胸壁或上腹近肋骨处的疼痛现象。"岔气"出现的原因主要有以下两个：一是没有进行准备运动或准备活动不充分；二是呼吸节奏紊乱或心肌功能不佳。

（二）预防

(1)运动前做好充分的准备活动，使身体适应逐步加大的运动量。

(2)没有特殊情况不要中断锻炼，运动锻炼中要掌握好呼吸的方法和节奏。

（三）治疗

(1)深吸气后憋住不放，握拳由上到下依次捶击胸腔左、右两侧，亦可用拍击手法拍击腋下，再缓缓作深呼气。

(2)深吸气憋住气后，请别人捶击患者侧背部及腋下，再慢慢呼气。

(3)连续做深呼吸，同时用手紧压疼痛处可有一定程度的缓解。

(4)用食指和拇指用力捻捏内关和外关穴，同时做深呼吸和左右扭转身躯的动作。

(5)可深吸气后憋住不放，用手握空拳锤击疼痛部位。

九、低血糖症

（一）原因

(1)运动前体内肝糖原储备不足，运动时不能及时补充血糖的消耗。

(2)长时间的运动导致运动者体内血糖量的大量减少。

(3)中枢神经系统功能紊乱，导致胰岛素分泌量增加。

(4)患者没有遵医嘱而参加运动训练。

（二）预防

(1)在进行大运动量的运动时，应准备一些含糖的饮料。

（2）日常运动锻炼较少或者体能素质较差者，不宜参加长时间的剧烈运动。

（三）治疗

（1）低血糖患者应平卧，注意保暖。

（2）较轻者可饮浓糖水或吃少量食品，一般短时间内即可恢复。

（3）可静脉注射 50％葡萄糖 40～100ml。

（4）昏迷不醒者，可针刺人中、百会、涌泉、合谷等穴，并及时就医。

第五章 民族传统体育的武术项目教学

武术有着悠久的历史,是中华民族传统体育的精华。发展到现在,从事武术锻炼的人越来越多,并逐渐被世人所知。武术项目所包括的内容众多,形式多样,刀术、剑术、拳术、棍术等都属于武术的范畴。本章就有选择性地阐述一下民族传统武术各项目的教学内容及方法。

第一节 武术基本功与基本动作教学

一、武术基本功教学

(一)肩功教学

1. 压肩

面对肋木或一定高度的物体开步站立,两手抓握肋木,上体前俯并做下振压肩动作;也可以两人面对面站立,互相扶按肩部,做体前屈振动压肩动作;也可以由同伴协助做搬压肩部练习(图 5-1)。

教学要求:挺胸、塌腰,两臂、两腿要伸直,振幅逐步加大,压点集中于肩部,增加外力时应由小到大。

图 5-1

2. 握棍转肩

两脚开立，两手相距一定距离，正握木棍于体前。以肩关节为轴，两臂由体前经头顶绕至背后，然后再由背后经头顶绕至体前(图 5-2)。

教学要求：转肩时，两臂始终伸直，两手握棍的距离可根据自身情况进行调节，由宽到窄。

图 5-2

3. 臂绕环

(1)单臂绕环

成左弓步姿势，左手按于左大腿上(也可两脚开立，左手叉腰)，右臂上举，由上向后、向下、向前绕环一周为后绕环。右臂由上向前、向下、向后绕环一周为前绕环。注意练习时左右臂交替进行(图 5-3)。

教学要求：臂伸直、肩放松、贴身划立圆，逐渐加速。

图 5-3

(2)双臂前后绕环

两脚开立，与肩同宽，两臂垂于体侧。左右两臂依次由下向前、向上、向后做绕环。数次后，再做反方向绕环(图 5-4)。

教学要求：松肩、探臂，两臂于体侧成立圆绕环。

图 5-4

（3）双臂交叉绕环

两脚开立，两臂伸直上举，左臂向前、向下、向后；右臂向后、向下、向前，同时于身体两侧划立圆绕环。数次后，再做反方向绕环（图 5-5）。

教学要求：上体放松，协调配合两臂绕环，两臂于体侧成立圆绕环。

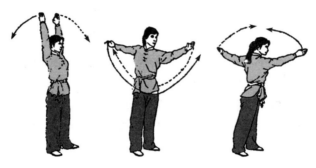

图 5-5

（4）仆步抡拍

两脚开立，上体左转成左弓步，同时右掌向左前下方伸出，左掌心向里，插于右肘关节处；上动不停，上体右转成右弓步，同时右臂由左向上、向右抡至右上方，左掌下落至左下方；上动不停，上体右后转，同时右臂向下、向后抡臂划弧至后下方，左臂向上、向前抡至前上方；上动不停，上体左转成右仆步，同时右臂向上、向右、向下抡臂至右腿内侧拍地，左臂向下、向左抡臂停于左上方。目随右手。注意练习时左右交替进行（图 5-6）。

教学要求：两臂伸直，向上抡臂贴近耳，向下抡臂贴近腿，以腰带臂。

图 5-6

（二）腿功教学

1. 压腿

（1）正压腿

面对肋木或一定高度的物体，并步站立。左腿抬起，脚跟放在肋木上，脚尖勾紧，两手扶按膝上。两腿伸直，立腰、收髋，上体前屈，向前下做压振动作。注意练习时左右腿交替进行（图 5-7）。

教学要求：直体向下振压，逐渐增大振幅，以前额、鼻尖触及脚尖，然后过渡到下颌触及脚尖。压至疼痛时，进行耗腿练习（图 5-8）。

图 5-7

图 5-8

（2）侧压腿

侧对肋木或一定高度的物体站立，右腿支撑，脚尖外展，左脚跟放在肋木上，脚尖勾紧，右臂上举，左掌附于右胸前，上体向左侧压振。注意练习时左右交替进行（图 5-9）。

教学要求:立腰、展髋,直体向侧下压振。

图 5-9

(3)后压腿

背对肋木或一定高度的物体站立,左脚背放在肋木上,脚面绷直。两手叉腰或扶一定高度的物体,上体后屈并做振压动作。注意练习时左右交替进行(图 5-10)。

教学要求:挺胸、展髋、腰后屈。

图 5-10

(4)仆步压腿

两脚左右开立,右腿屈膝全蹲,左腿挺膝伸直,脚尖内扣。两脚全脚掌着地,两手分别抓握两脚外侧。注意练习时左右交替进行(图 5-11)。

教学要求:挺胸、塌腰、沉髋,臀部尽量贴近地面。

图 5-11

2. 搬腿

(1)正搬腿

右腿支撑,左腿屈膝提起,右手托握左脚,左手抱膝。然后左腿向前上方举起,挺膝,脚尖勾紧。也可由同伴托住脚跟上搬。注意练习时左右交替进行(图 5-12)。

教学要求:挺胸、立腰、收髋。上搬高度依训练水平逐渐提高。

图 5-12

(2)侧搬腿

右腿屈膝提起,右手经小腿内侧托住脚跟,然后将右腿向右上方搬起,左臂上举亮掌。也可由同伴托住脚跟向侧搬腿。注意练习时左右交替进行(图 5-13)。

教学要求:两腿伸直,挺胸、立腰、开髋。

图 5-13

3. 劈腿

(1)竖叉

两手左右扶地或两臂侧平举,两腿前后分开成直线。左腿后侧着地,脚尖勾起;右腿内侧或前侧着地。注意练习时左右交替进行(图 5-14)。

教学要求:挺胸、立腰、沉髋、挺膝。

(2)横叉

两手在体前扶地或两臂侧平举,两腿左右分开成直线,两腿内侧着地(图 5-15)。

教学要求：挺胸、立腰、展髋、挺膝。

图 5-14

图 5-15

4．控腿

（1）前控腿

教学方法：右手扶肋木或一定高度的物体，侧向肋木并步站立，左手叉腰或侧平举。左腿屈膝前提，脚尖绷直或勾紧，慢慢向前上伸出，停留片刻再还原。注意练习时左右交替进行（图 5-16）。

教学要求：挺胸、直背、挺膝。此外，控腿的高度可随练习水平逐步提高。

（2）侧控腿

右手扶肋木或一定高度的物体，左手叉腰，侧向并步站立。左腿屈膝侧提，脚尖绷直或勾紧，向外侧前上伸出，停留片刻再还原。注意练习时左右交替进行（图 5-17）。

教学要求：挺胸、直背、开髋、挺膝。控腿的高度可随练习水平逐步提高。

（3）后控腿

教学方法：右手扶肋木或一定高度的物体，左手叉腰，侧向并步站立。左腿屈膝前提，脚尖绷直，向后上方伸出，停留片刻再还原。注意练习时左右交替进行（图 5-18）。

教学要求：挺胸、展髋、挺膝、腰后屈。此外，控腿的高度可随练习水平逐步提高。

图 5-16

图 5-17

图 5-18

5. 踢腿

(1)正踢腿

右手扶肋木或一定高度的物体,左手叉腰,并步侧向站立。右腿支撑,左脚勾起,挺膝上踢,然后下落还原。注意练习时左右交替进行(图5-19)。

教学要求:挺胸、立腰、收腹、沉髋。踢腿过腰后要加速。

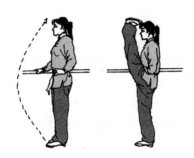

图 5-19

(2)侧踢腿

双手扶肋木或一定高度的物体,丁字步站立。动作同正踢,唯向侧踢。注意练习时左右交替进行(图5-20)。

教学要求:与正踢腿相同。

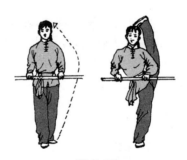

图 5-20

(3)后踢腿

双手扶肋木或一定高度的物体,并步站立。右腿支撑,左腿伸直,脚尖绷直,挺膝向后上踢起,也可大腿后踢过腰后,松膝,用脚掌触头部。注意练习时左右交替进行(图5-21)。

教学要求:挺胸、抬头、腰后屈。

图 5-21

（三）腰功教学

1. 俯腰

（1）前俯腰

并步站立,两手手指交叉,直臂上举,掌心朝上。上体前俯,两掌心尽量贴地,也可两手松开,分别抱住两腿跟腱处,胸部尽量贴近腿部,持续一定时间后再站立(图 5-22)。

教学要求:两腿挺膝伸直,挺胸塌腰、收髋、前折体。

图 5-22

（2）侧俯腰

并步站立,两手手指交叉,直臂上举,掌心朝上。上体左转向左侧下屈,两手掌心触地。持续一定时间后,然后起身做另一侧(图 5-23)。

图 5-23

教学要求：两腿挺膝伸直，两脚不能移动，上体尽量下屈。

2. 甩腰

开步站立，两臂上举。以腰、髋关节为轴，上体做前后屈动作，两臂也随着摆动（图5-24）。

教学要求：快速、紧凑、富有弹性。

图 5-24

3. 涮腰

开步站立。上体前俯，两臂下垂随之向左前方伸出，以髋关节为轴，向前、向右、向后、向左绕环一周。注意练习时左右交替进行（图5-25）。

教学要求：两脚固定不动，两臂随腰放松绕动，尽量增大上体环绕幅度。

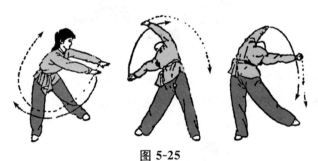

图 5-25

4. 下腰

两脚开立，与肩同宽，两臂伸直上举。腰向后屈，抬头，挺胸，两手向后、向下撑地成桥形。也可两手扶墙做下腰动作练习（图5-26）。

教学要求：挺胸、挺髋，腰向上顶，脚跟不得离地。

图 5-26

（四）桩功教学

1. 马步桩

两脚平行开立，约为脚长的 3 倍，脚尖朝前，屈膝半蹲，大腿接近水平，全脚着地，身体重心落于两腿之间。两臂微屈平举于胸前，掌心向下，眼看前方。也可两手抱拳于腰间（图 5-27）。

教学要求：挺胸、直背、塌腰，做深呼吸。静站时间逐渐增加。

2. 虚步桩

两脚前后开立，右脚外展 45°，屈膝半蹲，左脚脚跟提起，脚面绷直，脚尖稍内扣，虚点地面，膝微屈，重心落于右腿上。两手抱拳于腰间，眼看前方。注意练习时左右交替进行（图 5-28）。

教学要求：挺胸、塌腰，虚实分明，静站时间逐渐增加。

图 5-27

图 5-28

3. 浑元桩

（1）升降桩

两脚平行开立与肩同宽，两膝微屈，两肘稍屈，两手心向下，举于胸前，然后配合呼吸，做升降动作（图 5-29）。

教学要求：头颈正直，沉肩垂肘，松腰敛臀，上体正直；呼吸深、长、匀、细。升时配合吸气,小腹外凸;降时配合呼气,小腹内凹。初练时要求静站2～3分钟,然后逐渐增加。

图 5-29

(2)开合桩

两脚平行开立与肩同宽,两腿屈膝略蹲。两臂屈肘,两手心向内,指尖相对,合抱于体前。随自然呼吸,做开合运动(图5-30)。

教学要求:头颈正直,沉肩垂肘,松腰敛臀,上体正直;呼吸深、长、匀、细。开时配合吸气,小腹外凸;合时配合呼气,小腹内凹。初练时要求静站2～3min,然后逐渐增加。

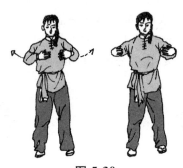

图 5-30

二、武术基本动作教学

(一)手法教学

1.冲拳

两脚左右开立,两手握拳分别抱于腰侧,拳心向上,肘尖向后,眼看前方。右拳从腰间旋臂向前快速冲出,力达拳面,臂伸直高与肩平;同时左肘向后牵拉,眼看前方。注意练习时左右交替进行。

教学要求:挺胸、收腹、拧腰、顺肩,快速有力。

2. 推掌

预备姿势与冲拳相同。右拳变掌,由腰间旋臂向前立掌推出,速度要快,臂伸直,力达掌外沿,眼看前方。注意练习时左右交替进行。

教学要求:挺胸、收腹、拧腰、顺肩,出掌快速有力,力达掌外沿。

3. 亮掌

预备姿势与冲拳相同。右拳变掌,由腰间向右、向上划弧至头右上方,肘微屈,抖腕翻掌。眼看左方。

教学要求:挺胸、收腹、立腰、抖腕。

4. 架拳

预备姿势与冲拳相同。右拳自腰间向左经腹前、面前向头上方旋臂架起,臂微屈,拳心朝前下方。眼看前方。

教学要求:架拳时前臂内旋,松肩,力达前臂外侧。

(二)步型与步法教学

1. 基本步型

(1)弓步

前脚微内扣,全脚掌着地,屈膝半蹲,大腿成水平,膝部约与脚面垂直;另一腿挺膝伸直,脚尖里扣斜向前方,脚掌着地,上体正对前方,两手抱拳于腰间。

教学要求:挺胸、立腰;前腿弓、后腿绷。

(2)马步

两脚左右开立约为脚长的 3 倍,脚尖正对前方,屈膝半蹲,大腿成水平,眼看前方,两手抱拳于腰间。

教学要求:头正、挺胸、立腰、扣足。

(3)虚步

后脚尖斜向前,屈膝半蹲,大腿接近水平,全脚掌着地;前腿微屈,脚面绷紧,脚尖虚点地面。

教学要求:挺胸、立腰、虚实分明。

(4)歇步

两腿交叉靠拢全蹲,左脚全脚掌着地,脚尖外展;右腿前脚掌着地,膝部贴近左膝外侧,臀部坐于右腿接近脚跟处,两手抱拳于腰间,眼向左前方平视。左脚在前为左歇步,右脚在前为右歇步。注意练习时左右交替进行。

教学要求:挺胸、塌腰,两腿靠拢贴紧。

(5)丁步

并步站立,两腿屈膝半蹲,右脚全脚掌着地;左脚脚跟提起,脚尖里扣并虚点地面,脚面绷直,贴于右脚脚弓处,重心落于右腿上,两手抱拳于腰间,眼向左平视。左脚尖点地为左丁步,右脚尖点地为右丁步。注意练习时左右交替进行。

教学要求:与虚步相同。

(6)仆步

两脚左右开立,右腿屈膝全蹲,大腿和小腿靠紧,臀部接近小腿,右脚全脚掌着地,脚尖和膝关节外展;左腿挺直平仆,脚尖里扣,全脚掌着地,两手抱拳于腰间,眼向左平视。仆左腿为左仆步;仆右腿为右仆步。注意练习时左右交替进行。

教学要求:挺胸、塌腰、沉髋。

2. 基本步法

(1)盖步

两脚左右开立,同肩宽,两手叉腰。重心左移,右脚提起,经左脚前向左侧横迈一步,右腿屈膝,脚尖外展;两腿交叉,重心偏于右腿。注意练习时左右交替进行。

教学要求:横迈要轻灵,步幅要适当。

(2)插步

预备动作与盖步相同。重心左移,右脚提起,经左脚后向左侧横迈一步,脚前掌着地,两腿交叉,重心偏于左腿。注意练习时左右交替进行。

教学要求:与盖步相同。

(3)垫步

两脚前后开立,同肩宽,两手叉腰。后脚离地提起,脚掌向前脚处落步,前脚立即以脚掌蹬地向前上跳起,将位置让于后脚,然后再屈膝提腿向前落步,眼向前平视。

教学要求:跳起腾空时,要保持上体正直并侧对前方。

(4)击步

预备动作同垫步。上体前倾,后脚离地提起,前脚随即蹬地前纵;在空中时,后脚向前碰击前脚;落地时,后脚先落,前脚后落,眼向前平视。

教学要求:与垫步相同。

（5）弧形步

预备动作同垫步。两腿略屈，两脚迅速连续向侧前方沿弧线行步；每步大小略比肩宽，眼向前平视。

教学要求：挺胸、塌腰，保持半蹲姿势；身体重心要平稳，不要有起伏现象；落步时，由脚跟迅速过渡到全脚掌，并注意转腰。

（三）腿法教学

1. 正踢腿

两脚并步站立，两臂成侧平举，立掌。眼看前方。左脚向前上半步，左腿支撑，右腿挺膝，脚尖勾起向前额处快速踢起。眼看前方。注意练习时左右交替进行。

教学要求：挺胸、收腹、立腰。腿上摆过腰后加速用力，收髋，上体正直。

2. 斜踢腿

左脚向前上半步，左腿支撑，右腿挺膝，勾脚向异侧耳部踢起。眼看前方。注意练习时左右交替进行。

教学要求：与正踢腿相同。

3. 侧踢腿

右脚向前上半步，脚尖外展；左脚跟稍提起，身体略右转，左臂前伸，右臂后举。随即左腿挺膝，勾脚向左耳侧踢起，同时右臂上举亮掌，左臂屈肘立掌于右肩前。眼看前方。

教学要求：挺胸、立腰、开髋、侧身、猛收腹。

4. 外摆腿

右脚上步，左脚尖勾紧，向右侧上方踢起，经面前向左侧上方摆动，直腿落于右脚旁，眼看前方。右掌和左掌也可在面前依次迎击左脚面。注意练习时左右交替进行。

教学要求：挺胸、立腰、展髋。腿成扇形外摆，幅度要大。

5. 单拍脚

并步站立，两手握拳抱于腰间。左脚上步，左腿支撑；右腿挺膝，脚面绷直向前上方快速踢摆。同时右拳变掌举于头右前上方，掌心朝前，迎击右脚面。眼看前方。注意练习时左右交替进行。

教学要求:收腹、立腰。踢腿高度过胸,击拍脚要脆、快、响。

6. 里合腿

预备动作同正踢腿。右脚上步,左脚尖勾起里扣并向左上方踢起,经面前向右侧上方直腿摆动,落于右脚旁。右掌也可在右侧上方迎击左脚掌。眼看前方。注意练习时左右交替进行。

教学要求:挺胸、立腰、合髋。腿成扇形里合,幅度要大。

7. 弹腿

左腿支撑,右腿屈膝提起接近水平时,小腿猛力向前弹出,挺膝,力达脚尖。眼看前方。注意练习时左右交替进行。

教学要求:挺胸、立腰、收髋;弹踢要有寸劲,力达脚尖。

8. 蹬腿

左腿支撑,右腿屈膝提起,脚尖勾起,以脚跟为力点向前猛力蹬出,挺膝,脚高过腰。眼看前方。注意练习时左右交替进行。

教学要求:挺胸、立腰、脚尖勾紧;蹬出要脆、快、有力,力达脚跟。

9. 侧踹腿

右脚经左脚前盖步,随即右腿伸直支撑,左腿屈膝提起,脚尖勾起内扣,用脚底向左上方猛力踹出,脚高过腰,上体右倾。眼看左侧方。

教学要求:挺膝、展髋;踹腿要脆、快、有力。

10. 后扫腿

成左弓步,两掌向前推出。左脚尖内扣,左腿屈膝全蹲,成右仆步,同时上体前俯,两掌撑地,随上体向右后拧转的惯性力量,以左脚掌为轴,右脚贴地向后扫转一周。

教学要求:转体、俯身、撑地、扫转要连贯协调。

第二节　拳术武术套路教学

二十四式太极拳是民族传统体育运动健身中最为常见的拳术项目之一,本节就主要阐述一下二十四式太极拳的教学方法。

一、起势

（1）两脚并拢，身体自然直立，头颈正直；两臂自然下垂，两手指尖轻贴大腿侧；眼向前平视。

（2）左脚向左慢慢开步，与肩同宽，脚尖向前。

（3）两臂慢慢向前平举，两手高与肩平，与肩同宽，手心向下。

（4）上体保持正直，两腿屈膝下蹲；同时两掌轻轻下按至腹前，两肘下垂与膝相对；眼向前平视。

教学要求：做此动作时，注意头颈要正直，下颌微向后收，不得故意挺胸或收腹，精神要集中。两肩下沉，两肘松垂，手指自然微屈，重心落于两腿中间。屈膝松腰、臀部不可凸出。两臂下落要和身体下蹲的动作协调一致。

二、左右野马分鬃

（1）上体微向右转，身体重心移至右腿上；同时右臂收在胸前平屈，手心向下，左手经体前向右下划弧放在右手下，手心向上，两手心相对成抱球状；左脚随即收到右脚内侧，脚尖点地；眼看右手。

（2）上体微向左转，左脚向左前方迈出，同时左右手随转体慢慢分别向左上、右下错开；眼看左手。

（3）上体继续左转，右脚跟后蹬，右腿自然伸直成左弓步；左右手随转体继续向左上、右下分开，左手高与眼平，手心斜向上，肘微屈；右手落在右胯旁，肘也微屈，手心向下，指尖向前；眼看左手。

（4）上体慢慢后坐，身体重心移至右腿，左脚尖翘起，微向外撇（45°～60°），同时两手准备抱球。

（5）左脚掌慢慢踏实，左腿慢慢前弓，身体左转，身体重心再移至左腿；同时左手翻转向下，左臂收在胸前平屈，右手向左上划弧放在左手下，两手心相对成抱球状；右脚随即收到左脚内侧，脚尖点地；眼看左手。

（6）上体微右转，右腿向右前方迈出，同时左右手随转体慢慢分别向左下、右上错开；眼看右手。

（7）左腿自然伸直成右弓步；同时上体继续右转，左右手继续随转体分别慢慢向左下、右上分开，右手高与眼平，手心斜向上，肘微屈；左手落在左胯旁，肘也微屈，手心向下，指尖向前；眼看右手。

（8）与（4）解同，唯左右相反。

（9）与（5）解同，唯左右相反。

(10)与(6)解同,唯左右相反。

(11)与(7)解同,唯左右相反。

教学要求:做此动作时,注意上体勿前俯后仰,两手分开要保持弧形,身体转动要以腰为轴,做弓步与分手的速度要一致。做弓步时,迈出脚的脚跟先着地,然后慢慢踏实,膝盖不要超过脚尖;后腿稍后蹬,使该腿与地面保持约45°角,前后脚的脚跟在直线两侧,两脚横向距离(以动作行进的中线为纵轴,其两侧的垂直距离为横向,下同)为10～30厘米。

三、白鹤亮翅

(1)上体微向左转,左手翻掌向下,左臂平屈胸前,右手向左上划弧,手心转向上,与左手相对成抱球状;眼看左手。

(2)右脚跟进半步,上体后坐,身体重心移至右腿;上体先向右转,面向右前方,眼视右手;然后左脚稍向前移,脚尖点地,成左虚步;同时上体再微向左转,面向前方,两手随转体慢慢向左下、右上分开,右手上提停于右额前,手心向左后方,左手落于左胯前,手心向下,指尖向前;眼向前平视。

教学要求:做此动作时,注意胸部不要挺出,两臂上下都要保持半圆形,左膝要微屈,重心后移和右手上提要协调一致。

四、左右搂膝拗步

(1)右手从体前下落,由下向后上方划弧举至右肩外侧,肘微屈,手与耳同高,手心斜向上;左手由左下向上、向右下方划弧至右胸前,手心斜向下;同时上体先微向左再向右转;左脚收至右脚内侧,脚尖点地;眼看右手。

(2)上体左转,左脚向前(偏左)迈出成左弓步;同时右手屈回由耳侧向前推出,高与鼻尖平,左手向下由左膝前搂过落于左胯旁,指尖向前;眼看右手。

(3)右腿慢慢屈膝,上体后坐,重心移至右腿,左脚尖跷起微向外撇,随后脚慢慢踏实,左腿前弓,身体左转,重心移至左腿,右脚收到左脚内侧,脚尖点地;同时左手向外翻掌由左后向上划弧至左肩外侧,肘微屈,手与耳同高,手心斜向上;右手随转体向上向左下划弧落于左胸前,手心斜向下;眼看左手。

(4)与(2)解同,唯左右相反。

(5)与(3)解同,唯左右相反。

(6)与(2)解同。

教学要求：做此动作时，手推出后，身体不可前俯后仰，注意松腰松胯，推掌时须沉肩垂肘、坐腕舒掌，同时必须与松腰、弓腿协调一致。做弓步时，两脚跟的横向距离保持约 30 厘米。

五、手挥琵琶

（1）右脚跟进半步，上体后坐，重心移至右腿上，上体半面向右转。

（2）左脚略提起稍向前移，变成左虚步，脚跟着地，脚尖翘起，膝部微屈；同时左手由左下向上挑举，高与鼻尖平，掌心向右，臂微屈；右手收回放在左臂肘部里侧，掌心向左；两手成侧立掌合于体前；眼看左手食指。

教学要求：做此动作时，注意身体要平稳自然，沉肩垂肘，胸部放松。左手上起时要由左向上、向前，微带弧形。右脚跟进时，前脚掌先着地，再全脚落实。身体重心后移和左手上举、右手回收要协调一致。

六、左右倒卷肱

（1）上体右转，右手翻掌（手心向上）经腹前由下向后上方划弧平举，臂微屈，左手随即翻掌向上；眼的视线随着向右转体先右视，再转向前方看左手。

（2）右臂屈肘折向前，右手由耳侧向前推出，手心向前，左臂屈肘后撤，手心向上，撤至左肋外侧；同时左腿轻轻提起向后（偏左）退一步，脚掌先着地，然后全脚慢慢踏实，身体重心移到左腿上，成右虚步，右脚随转体以脚掌为轴扭正；眼看右手。

（3）上体微向左转。同时左手随转体向后上方划弧平举，手心向上，右手随即翻掌，掌心向上；眼随转体先左视，再转向前方看右手。

（4）与（2）解同，唯左右相反。

（5）与（3）解同，唯左右相反。

（6）与（2）解同。

（7）与（3）解同。

（8）与（2）解同，唯左右相反。

教学要求：做此动作时，注意前推的手不要伸直，后撤手也不可直向回抽，仍走弧形。前推时，要转腰松胯，与两手的速度要一致，避免僵硬。退步时，脚掌先着地，再慢慢踏实，同时把前脚扭正，退左脚略向左后斜，退右脚略向右后斜，避免使两脚落在一条直线上。后退时，注意眼神随转体动作向左右看（约转 90°），然后再转看前手。

七、左揽雀尾

（1）上体微向左转，同时右手随转体向后上方划弧平举，手心向上，左手放松，手心向下；眼看左手。

（2）身体继续向右转，左手自然下落，逐渐翻掌经腹前划弧至右肋前，手心向上；右臂屈肘，手心转向下，收至右胸前，两手相对成抱球状；同时身体重心落在右腿上，右脚收至右脚内侧，脚尖点地；眼看右手。

（3）上体微向左转，左脚向左前方迈出，上体继续向左转，右腿自然蹬直，左腿屈膝成左弓步，同时左臂向左前方掤出（即左臂平屈成弓形，用前臂外侧和手背向前方推出），高与肩平，手心向后；右手向右下落，放于右胯旁，手心向下，指尖向前；眼看左前臂。

（4）身体微向左转，左手随即前伸翻掌向下，右手翻掌向上，经腹前向上、向前伸至左前臂下方；然后两手下捋，即上体向右转，两手经腹前向右后上方划弧，直至右手心向上，高与肩平，左臂平屈胸前，手心向后；同时身体重心移至右腿；眼看右手。

（5）身体微向左转，右臂屈肘折回，右手附于左手腕里侧（相距约5厘米），上体继续向左转，双手同时向前慢慢挤出，左手心向后，右手心向前，左前臂要保持半圆；同时身体重心逐渐前移变成左弓步；眼看左手腕部。

（6）左手翻掌，手心向下，右手经左腕上方向前、向右伸出，高与左手齐，手心向下，两手左右分开，宽与肩同；然后右腿屈膝，上体慢慢后坐，身体重心移至右腿上，左脚尖翘起；同时两手屈肘回收至腹前，手心均向前下方；眼向前平视。

（7）上式不停，身体重心慢慢前移，同时两手向前、向上按出，掌心向前；左腿前弓成左弓步；眼平视前方。

教学要求：出手时，两臂前后均要求保持弧形，分手与松腰、弓腿必须协调一致；下捋时，上体不可前倾，臀部不要凸出。两臂上捋须随腰旋转，仍走弧线。向前挤时，上体要正直，动作要与松腰、弓腿一致。

八、右揽雀尾

（1）上体后坐并向右转，身体重心移至右腿，左脚尖里扣；右手向右平行划弧至右侧然后由右下经腹前向左上划弧至左肋前，手心向上；左臂平屈胸前，左手掌向下与右手成抱球状；同时身体重心再移到左腿上，右脚收到左脚内侧，脚尖点地；眼看左手。

（2）同"左揽雀尾"（3）解，唯左右相反。

（3）同"左揽雀尾"（4）解，唯左右相反。

（4）同"左揽雀尾"（5）解，唯左右相反。

（5）同"左揽雀尾"（6）解，唯左右相反。

（6）同"左揽雀尾"（7）解，唯左右相反。

教学要求：与左揽雀尾相同，唯左右相反。

九、单鞭

（1）上体后坐，重心逐渐移至左腿，右脚尖里扣；同时上体左转，两手（左高右低）向左弧形运转，直至右臂平举，伸于身体左侧，手心向左，右手经腹前运至肋前，手心向后上方；眼看左手。

（2）重心再渐渐移至右腿上，上体右转，左脚向右脚靠拢，脚尖点地；随之右手向右上方划弧（手心由里转向外），至右侧方时变勾手，臂与肩平；左手向下经腹前向右上划弧停于右肩前，手心向里；眼看左手。

（3）上体微向左转，左脚向左前侧方迈出，右脚跟后蹬，成左弓步；在身体重心移向左腿的同时，左掌随上体的左转慢慢翻转向前推出，手心向前，手指与眼齐平，臂微屈；眼看左手。

教学要求：做此动作时，注意上体要正直，松腰。右臂肘部稍下垂，左肘与左膝上下相对，两肩下沉。左手向外推时，要随转体边翻边推，不要翻掌太快。整个过渡动作上下要协调一致。

十、云手

（1）重心移至右腿上，身体渐向右转，左脚尖里扣；左手经腹前向右上划弧至右肩前，手心斜向后，同时右手松勾变掌，手心向右前；眼看左手。

（2）上体慢慢左转，重心随之逐渐左移；左手由脸前向左侧运转，手心渐渐转向左方；右手由右下经腹前向左上划弧，至左肩前，手心斜向后；同时右脚靠近左脚，成小开立步（两脚距离10～20厘米）；眼看右手。

（3）上体再向右转，同时左手经腹前向右上划弧至右肩前，手心斜向后；右手向右侧运转，手心翻转向右；随之左腿向左横跨一步；眼看左手。

（4）同（2）解。

（5）同（3）解。

（6）同（2）解。

教学要求：做此动作时，注意身体的转动要以腰脊为轴，松腰、松胯，避免忽高忽低。两臂随腰运转，要自然、圆活，速度要缓慢均匀。下肢移动时，重心要稳定，眼的视线要随着左右手而移动。

十一、单鞭

（1）上体向右转，右手随之向右运转，至右侧方时变成勾手；左手经腹前向右划弧至右肩前，手心向内；重心落在右腿上，左脚尖点地；眼看右手。

（2）上体微向左转，左脚向左前侧方迈出，右脚跟后蹬，成左弓步；在身体重心移向左腿的同时，上体继续左转，左掌慢慢翻转向前推出，成"单鞭"式。

教学要求：与前"单鞭"式相同。

十二、高探马

（1）右脚跟进半步，身体重心逐渐向后移至右腿上；右勾手变成掌，两手心翻转向上，两肘微屈；同时身体微向右转，左脚跟渐渐离地；眼看左前方。

（2）上体微向左转，面向左前方，右掌经右身旁向前推出，手心向前，手指与眼同高；左手收至左侧腰前，手心向上；同时左脚微向前移，脚尖点地，成左虚步；眼看右手。

教学要求：做此动作时，上体要自然正直，双肩要下沉，右肘微下垂。

十三、右蹬脚

（1）左手手心向上，前伸至右手腕背面，两手相互交叉，随即向两侧分开并向下划弧，手心斜向下，同时左脚提起向左前侧方进步（脚尖稍外撇）；身体重心前移；右腿自然蹬直，成左弓步；眼看前方。

（2）两手由外圈向里圈划弧，两手交叉合抱于胸前，右手在外，手心均向后；同时左脚靠拢，脚尖点地；眼向右前方平视。

（3）两手臂左右划弧分开平举，肘部微屈，手心均向外；同时右腿屈膝提起，右脚向右前方慢慢蹬出；眼看右手。

教学要求：做此动作时，身体要平稳，两手分开时，腕部与肩齐平。左腿微屈，蹬脚时脚尖回勾，力量用在脚跟，分手和蹬脚须协调一致，右臂和右腿上下相对。

十四、双峰贯耳

(1)右腿收回,屈膝平举;左手由后向上、向前下落至体前,两手心均翻转向上,两手同时向下划弧,分落于右膝盖两侧;眼看前方。

(2)右脚向右前方落下,重心渐渐前移,成右弓步,面向右前方;同时两手下落,慢慢变拳,分别从两侧向上、向前划弧至面部前方,成钳形;两拳相对,高与耳齐,拳眼都斜向内下(两拳中间距离为10～20厘米);眼看右拳。

教学要求:做此动作时,头颈要正直,松腰,两拳松握,沉肩垂肘,两臂均保持弧形。

十五、转身左蹬脚

(1)左腿屈膝后坐,身体重心移至左腿,上体左转,右脚尖里扣;同时两拳变掌,由上向左右划弧分开平举,手心向前;眼看左手。

(2)身体重心再移至右腿,左脚收到右脚内侧,脚尖点地;同时两手由外圈向里圈划弧合抱于胸前,左手在外,手心均向后;眼向左方平视。

(3)两手臂左右划弧分开平举,肘部微屈,手心均向外;同时左腿屈膝提起,左脚向左前方慢慢蹬出;眼看左手。

教学要求:与右蹬脚式相同,唯左右相反。

十六、左下势独立

(1)左腿收回平屈,上体右转;右掌变成勾手,左掌向上、向右划弧下落,立于右肩前,掌心斜向后;眼看右手。

(2)右腿慢慢屈膝下蹲,左腿由内向左侧(偏后)伸出,成左仆步;左手下落(掌心向外)向左下顺左腿内侧向前穿出;眼看左手。

(3)身体重心前移,左脚跟为轴,脚尖尽量向外撇,左腿前弓,右腿后蹬,右脚尖里扣,上体微向左转并向前起身;同时左臂继续向前伸出(立掌),掌心向右,右勾手下落,勾尖向后;眼看左手。

(4)右腿慢慢提起、平屈,成左独立式;同时右勾手变掌,并由后下方顺右腿外侧向前弧形上挑,屈臂立于右腿上方,肘与膝相对,手心向左;左手落于左胯旁,手心向下,指尖向前;眼看右手。

教学要求:做此动作时,注意右腿全蹲时脚尖微向外撇,左腿伸直时脚尖向里扣,脚掌全部着地。左脚尖与右脚跟在一条直线上,上体不要过于前倾。上体正直,独立腿微屈,右腿提起时脚尖自然下垂。

十七、右下势独立

(1)右脚下落于左脚前,脚尖着地,然后以左脚前掌为轴,脚跟转动,身体随之左转,同时左手向后平举变成勾手,右掌随着转体向左侧划弧,立于左肩前,掌心斜向后;眼看左手。

(2)同"左下势独立"(2)解,唯左右相反。

(3)同"左下势独立"(3)解,唯左右相反。

(4)同"左下势独立"(4)解,唯左右相反。

教学要求:做此动作时,注意右脚尖触地后必须稍微提起,然后再向下仆腿,其他均与"左下势独立"相同,唯左右相反。

十八、左右穿梭

(1)身体微向左转,左腿向前落地,脚尖外撇,右脚跟离地,两腿屈膝成半坐盘式;同时两手在左胸前成抱球状(左上右下);然后右脚收到左脚内侧,脚尖点地;眼看左前臂。

(2)身体右转,右脚向右前方迈出,屈膝弓腿成右弓步;右手由脸前向上举并翻掌停架在右额前,手心斜向下;左手向左下,再经体前向前推出,高与鼻尖平,手心向前;眼看左手。

(3)身体重心略向后移,右脚尖稍向外撇,随即身体重心再移到右腿,左脚跟进,停于右脚内侧,脚尖点地;同时两手在胸前成抱球状(右上左下);眼看右前臂。

(4)同(2)解,唯左右相反。

教学要求:注意动作推出后,上体不可前俯,手上举时,防止引肩上耸。前推时,上举的手和前推的手的速度,要与马步、松腰协调一致。做弓步时,两脚跟的横向距离注意保持在30厘米左右。

十九、海底针

(1)右脚向前跟进,身体重心移至右腿,右脚稍向前移举步;右手下落经体前向后、向上提抽至肩上耳旁,左手下落至体前侧。

(2)左脚尖点地成左虚点;同时身体稍向右转;右手再随身体左转,由右耳旁斜向前下方插出,掌心向左,指尖斜向下;与此同时,左手向前、向下划弧落于左胯旁,手心向下,指尖向前;眼看前下方。

教学要求:做此动作时,身体要先右转,再左转,上体不可太前倾,避免低头和臀部外凸,左腿要微屈。

二十、闪通臂

(1)上体稍向右转,左脚微回收举步,同时两手上提;眼看前方。

(2)左脚向前迈出,脚跟着地;左右两手分别向左前、右后分开;左手心向前,右手心向外;眼看前方。

(3)重心前移,左腿屈膝弓成左弓步;同时右手屈臂上举,停于右额前上方,掌心翻转斜向上,拇指朝下;左手由胸前随重心前移慢慢向前推出,高与鼻尖平,手心向前;眼看左手。

教学要求:做此动作时上体要自然正直,松腰、松胯,左臂不要伸直,背部肌肉要伸展开,推掌与弓腿动作要协调一致。

二十一、转身搬拦捶

(1)上体后坐,身体重心移至右腿上,左脚尖里扣;身体向右后转,然后身体重心再移至左腿上;同时,右手随着转体向右、向下(变拳)经腹前划弧至左肋旁,拳心向下;左掌上举于头前,掌心斜向上;眼看前方。

(2)向右转体,右拳经胸前向前翻转撇出,拳心向上;左手落于左胯旁,掌心向下,指尖向前;同时右脚收回后(不要停顿或脚尖点地)即向前迈出,脚尖外撇;眼看右拳。

(3)身体重心移至右腿上,左腿向前迈出一步;左手上起经左侧向前上划弧拦出,掌心向前上方;同时右拳向右划弧收到右腰旁,拳心向上;眼看左手。

(4)左腿前弓成左弓步,同时右拳向前打出,拳眼向上,高与胸平,左手附于右前臂里侧;眼看右拳。

教学要求:做此动作时右拳松握,前臂先慢慢内旋后收回,再外旋停于右腰旁,拳心向上。向前打出时,右臂随拳略向前引,沉肩垂肘,右臂微屈。

二十二、如封似闭

(1)左手由右腕下向前伸出,右拳变掌,两手手心逐渐翻转向上并慢慢分开回收;同时身体后坐,左脚尖翘起,身体重心移至右腿;眼看前方。

(2)两手在胸前翻掌,向下经腹前再向上、向前推出;腕部与肩平,手心向前;同时左腿前弓成左弓步;眼看前方。

教学要求:注意身体后坐时,避免后仰,臀部不可凸出,两臂随身体回收时,肩、肘部略向外松开,不要直着抽回,两手宽度不要超过两肩。

二十三、十字手

(1)屈膝后坐,身体重心移向右腿,左脚尖里扣,向右转体;右手随着转体动作向右平摆划弧,与左手成两臂侧平举,掌心向前,肘部微屈;同时右脚尖随着转体稍向外撇,成右侧弓步;眼看右手。

(2)身体重心慢慢移至左腿,右脚尖里扣,随即向左收回,两脚距离与肩同宽,两腿逐渐蹬直,成开立步;同时两手向下经腹前向上划弧交叉合抱于胸前,两臂撑圆,腕高与肩平,右手在外,成十字手,手心均向后;眼看前方。

教学要求:注意两手分开和合抱时,上体勿前俯。站起后,身体自然正直,头微上顶,下颌稍向后收。两臂环抱时须圆满舒适,沉肩垂肘。

二十四、收势

(1)两手向外翻掌,手心向下,两臂慢慢下落,停于腹前;眼看前方。

(2)两腿缓缓蹬直,同时两掌慢慢下落至大腿侧,然后收左脚成并步直立;眼看前方。

教学要求:注意两手左右分开下落时,全身注意放松,同时气徐徐向下沉(呼气略加长)。呼吸平稳后,把左脚收到右脚旁,再走动休息。

第三节　器械武术套路教学

在我国民族传统体育运动中,器械项目非常多,常见的主要有刀术、剑术、枪术、棍术等。本节主要阐述一下刀术和剑术套路的教学。

一、刀术教学

(一)主要动作

预备势

第一段:1. 起势;2. 弓步藏刀;3. 虚步藏刀;4. 弓步扎刀;5. 弓步抡

劈;6. 提膝格刀;7. 弓步推刀;8. 马步劈刀;9. 仆步按刀。

第二段:10. 蹬腿藏刀;11. 弓步平斩;12. 弓步带刀;13. 歇步下砍;14. 弓步扎刀;15. 插步反撩;16. 弓步藏刀;17. 虚步抱刀。

收势

（二）动作教学

预备势

两脚并立,左手虎口朝下,拇指在前,其余四指在后握住刀柄,手腕部贴靠刀盘,刀刃朝前,刀尖朝上,刀背贴靠前臂内侧;右手五指并拢,垂于身体右侧;眼看前方。

1. 起势

左手握刀与右手同时从两侧向额上方绕环,至额前上方时,右手拇指张开贴近刀盘,接握左手刀。

教学要求:注意两臂从体侧向额前上方绕环的动作必须协调一致。

2. 弓步藏刀

（1）右腿屈膝略蹲,左脚向左上步。右手持刀使刀背贴身从左绕向身后,左臂内旋（拇指一侧朝下）向左伸出;眼向左平视。

（2）上身左转,左腿屈膝,右腿伸直,成左弓步。右手持刀,手心朝上,上身左转的同时,从身后向右、向前、向左平扫至左肋时臂内旋,手心朝下,刀背贴靠于左肋,刀身平放,刀尖朝后;左臂随之屈肘上举至头顶上方成横掌;眼看前方。

教学要求:缠头时,注意刀背必须贴着脊背绕行;扫刀时,刀身要平行,迅速而有力。

3. 虚步藏刀

（1）上身右转,左腿伸直,右腿屈膝,成右弓步。右手持刀,手心朝下,随上身右转向右平扫,刀背朝前;左掌随之向左侧平落,手心向下;眼看刀身。

（2）顺扫刀之势右臂外旋,手心朝上,使刀背向身后平摆。

（3）以右脚前脚掌为轴碾地,脚跟外展,上身随之左转,左脚后收半步成虚步。刀尖朝下,从背后向左肩外侧绕行;同时左手经体前向下、向右腋处弧形绕环;眼向左前方平视。

（4）右手持刀从左肩外侧向下、向后拉回,肘略屈,刀刃朝下,刀尖朝前;左手随即向前成侧立掌平直推出,掌指朝上;眼看左掌。

教学要求:必须将以上四个动作连贯起来做;扫刀要平,绕刀要使刀背贴靠脊背。

4. 弓步扎刀

左脚稍前移,踏实,右脚随即向前上步,成右弓步。左掌在上步的同时,向后直臂弧形绕环至身后平举成勾手,勾尖朝下;右手持刀随之向前扎刀,刀刃朝下,刀尖朝前;眼看刀尖。

教学要求:注意刀尖和右手、右肩要平行,上身略前探,力达刀尖。

5. 弓步抡劈

(1)左脚向左斜前方上步,成左弓步。右手持刀臂内旋、屈腕,使刀尖由左斜前方向上挂起,刀刃朝上;左勾手变掌附于右肘处;眼看刀身。

(2)右手持刀从上向右斜前方劈下,刀尖稍向上翘;左臂同时屈肘上举,至头顶上方成横掌;眼看刀尖。

教学要求:注意抡劈动作必须连贯、有力,且要与步法配合一致。

6. 提膝格刀

左脚尖外展,右腿提膝。刀由前下向左上横格,刀垂直立于胸前,刀尖朝上,刀刃向左;左手横附于刀背上;眼看刀身。

教学要求:注意提膝与格刀必须同时完成。

7. 弓步推刀

(1)右脚向前落步。右手持刀向后、向下贴身弧形绕环;左掌此时从上向下按于刀背上面;眼看刀尖。

(2)上体微右转,左脚从体前上步,成左弓步。右手持刀随之向前撩推,刀刃斜朝上,刀尖斜朝下;左掌仍按刀背,掌指朝上,上身前探;眼看刀尖。

教学要求:注意撩推刀必须与步法协调一致。

8. 马步劈刀

上体右转,两腿屈膝半蹲成马步。右手持刀从左向上、向右劈下,刀尖稍向上翘与眉相齐;左掌在头顶上方屈肘成横掌;眼看刀尖。

教学要求:注意转身、劈刀要快,力达刀刃;马步两脚尖要向里扣,大腿坐平。

9. 仆步按刀

右脚向右后方撤一大步，右腿屈膝全蹲，左腿伸直平铺，成左仆步，上身右转的同时，右手持刀做外腕花（以腕为轴，刀在右臂外侧向前下贴身立圆绕环）；左掌同时向下按切，附于右手腕，刀尖朝左，刀刃朝下；眼向左平视。

教学要求：注意撤步与外腕花要快速有力，并与仆步按刀协调连贯；做仆步时，上身略向左前方探倾。

10. 蹬腿藏刀

（1）右腿蹬直立起，左腿提膝成独立；右手持刀向右后拉回，左掌向左前方伸出，掌指朝上；眼看左手。

（2）上身左转，右手持刀从后向前由左膝下方朝左裹膝抄起，左掌屈肘附于右前臂；眼看前下方。

（3）右手持刀从左肩外侧向后沿肩背绕行，左腿即向左斜前方落步成左弓步，左掌向左平摆。

（4）右手持刀经肩外侧向前、向左平扫，至左肋时顺扫刀之势臂内旋，将刀背贴靠左肋；左掌随之屈肘上举至头顶上方成横掌。

（5）右脚脚尖上翘，用脚跟向前上方蹬腿。眼看脚尖。

教学要求：注意缠头时必须使刀背绕裹左膝后顺脊背绕行，动作要迅速，蹬腿要快，并与缠头刀协调连贯。

11. 弓步平斩

（1）右脚向前落步。

（2）左脚向前上步，右脚趁势提起，上身在上步的同时向右后转。右手持刀手心朝下，随着转身平扫一周；左掌从上向左后方平摆，掌心朝上。

（3）右手持刀臂外旋，刀尖朝下，使刀从右肩外侧向后绕行，做裹脑动作；右腿后撤一步，成左弓步。右手持刀使刀背贴靠于左肋，刀尖朝后；同时左掌屈肘上举至头顶上方成横掌；眼看前方。

（4）上身右转，成右弓步。右手持刀，手心朝下，向右平扫，扫腰斩击，刀尖朝前；左掌同时从上向后平摆，掌指朝后；眼看刀尖。

教学要求：注意裹脑时必须使刀背贴靠脊背绕行；斩击时刀要与肩斗，力达刀刃。

12. 弓步带刀

（1）右手持刀臂外旋，使刀刃朝上，刀尖稍向下斜垂。

（2）重心左移，左腿全蹲，右腿挺膝伸直平铺成仆步。右手持刀向左上方屈肘带回；左臂屈肘，左掌附于刀把内侧，拇指一侧朝下；眼向右侧平视。

教学要求：注意翻刀、后带动作要连贯。仆步时，上体稍向左倾斜。

13. 歇步下砍

（1）上身稍抬起。右手持刀，刀尖朝下，从右肩外侧向背后绕行；左掌同时向左侧平伸，拇指一侧朝下。

（2）左脚从身后向右侧插步。同时右手持刀从背后向左肩外侧绕行，手心朝下，刀身平放，刀尖朝后；同时左掌向右腋处弧形绕环；眼向右看。

（3）两腿屈膝全蹲成歇步。右手持刀在歇步下坐之同时向右下方斜砍，刀刃斜朝下，刀尖朝前；左掌随之向左摆出，在左侧上方成横掌；眼看刀身。

教学要求：以上几个动作要一气呵成；下砍时力点在刀身后段。

14. 弓步扎刀

上体左转，双脚碾地，左脚向前上半步，成左弓步。同时右手持刀，随势向前平伸直扎，刀刃朝下，刀尖朝前；左掌顺势附于右腕里侧，眼看刀尖。

教学要求：注意转身、碾地、上步与扎刀协调连贯，力达刀尖。

15. 插步反撩

（1）上体稍直起并右转，右脚不动，左脚向右前方活步。同时右臂内旋，刀背朝下，使刀由前向上、向后直臂弧形绕行，刀刃朝下；左掌在屈肘时收于右肩前侧。

（2）右脚向左脚前方上步，成右弓步。同时右手持刀向下、向前直臂弧形撩起，刀刃朝上，刀尖朝前；左掌由右肩前向上直臂弧形绕行至头部上方时，屈肘横架，掌心朝上，掌指朝前；眼看刀尖。

（3）右脚内扣，上体左转，刀随转体收于腹前，刀尖上翘，左掌下落附于右腕处；眼看刀尖。

（4）左脚向右脚后横迈一步成左插步。同时右手持刀向后反臂弧形撩刀，刀刃朝上；左掌向左上方插出，掌心朝前；眼看刀尖。

教学要求：上步要连贯，撩刀要走立圆，刀尖不可触地，力达刀刃前部。

16. 弓步藏刀

（1）左脚向左前方上一步。同时右手持刀臂内旋，刀尖朝下，使刀由左肩外侧向后绕行，做缠头动作。

（2）身体重心左移，成左弓步。右手持刀由背后经右向左平扫，至左肋时顺扫刀之势臂内旋,使刀背贴靠于左肋,刀尖朝后;同时左掌屈肘上举至头顶上方成横掌;眼看前方。

教学要求:注意缠头时必须使刀背贴靠脊背绕行,扫刀要迅速,力达刀刃。

17. 虚步抱刀

(1)上身右转,左腿伸直,右腿屈膝。同时右手持刀向右平扫,左掌随之向左平摆,掌心朝上,眼看刀尖。

(2)上身稍直起,同时右手持刀顺平扫之势,臂外旋,手心朝上,使刀向身后平摆,继而屈肘上举使刀尖下垂,刀背贴身;左掌协调配合,眼向右平视。

(3)上体右转,成右弓步。右手持刀由背后经左肩外侧向身体前方平伸拉带,刀刃朝上,刀背贴于左臂,刀尖朝后;左掌由左向下、向前直臂弧形摆起,至脸前时,拇指张开,用掌心托住刀盘,准备将右手之刀接回,眼看两手。

(4)右脚跟外转,上体左转,左脚由左移至身前,成左虚步;同时左手接刀,经身前向下、向身体左侧抱刀下沉,刀刃朝前,刀背贴靠左臂,刀尖朝上;右手由身前向下、向后、向上直臂弧形绕至头上方时屈腕成横掌,掌心朝前,肘稍屈,眼向左平视。

教学要求:裹脑时要使刀背沿右肩贴背绕行,虚步要虚实分明。

收势

右脚向前、向左脚靠拢,并步直立。右掌随即由右耳侧向下按落,掌心朝下,肘略屈并向外撑开,左手握刀不动,眼看前方。

教学要求:注意上步和按掌动作要连贯迅速。

二、剑术教学

(一)主要动作

预备势

第一段:1. 弓步直刺;2. 回身后劈;3. 弓步平抹;4. 弓步左撩;5. 提膝平斩;6. 回身下刺;7. 挂剑直刺;8. 虚步架剑。

第二段:1. 虚步平劈;2. 弓步下劈;3. 带剑前点;4. 提膝下截;5. 提膝直刺;6. 回身平崩;7. 歇步下劈;8. 提膝下点。

第三段:1. 并步直刺;2. 弓步上挑;3. 歇步下劈;4. 右截腕;5. 左截腕;6. 跃步上挑;7. 仆步下压;8. 提膝直刺。

第四段：1. 弓步平劈；2. 回身后撩；3. 歇步上崩；4. 弓步斜削；5. 进步左撩；6. 进步右撩；7. 坐盘反撩；8. 转身云剑。

收势

（二）动作教学

预备势

身体正直，并步站立。左手持剑，以拇指为一侧，中指、无名指和小指为另一侧，分握护手盘与剑柄的分界处，掌心贴在护手盘下部，手背朝前，食指贴于剑柄，剑身贴于前臂后侧。右手握成剑指，食指和中指伸直并拢，无名指和小指屈向手心，拇指压在无名指的指甲上，手腕反屈，手背朝上，食、中指内扣指向左下侧。两臂在体侧下垂，两肘微上提，眼向左平视。

教学要求：持剑时，前臂与剑身要紧贴并垂直于地面；两肩松沉，上身微挺胸、收腹，两膝挺直。

第一段

1. 弓步直刺

右手接剑，左手握成剑指。左脚向前上半步、屈膝；右脚前脚掌碾地，脚跟外展，膝部挺直，成左弓步。随之上身左转，右手持剑向身前平伸直刺，拇指一侧在上；左手剑指随之伸向身后平举，拇指一侧在上，眼看剑尖。

教学要求：剑尖要稍高于肩；做弓步时，前腿屈膝蹲平，两脚的全脚掌全部着地。上身稍向前倾，腰要向左拧转、下塌，臀部不要凸起；两肩松沉，右肩前顺，左肩后引。

2. 回身后劈

左脚不动，右脚向前上一步，膝略屈，上身右转。随之右手持剑经上向后劈，剑高与肩平，拇指一侧在上；左手剑指随之由下向前上弧形绕环，在头顶上方屈肘侧举，拇指一侧在下，眼看剑尖。

教学要求：剑身和持剑臂必须成直线；上步、转身、平劈和剑指向上侧举必须协调一致；转身后，腰要向右拧转，左脚不要移动。

3. 弓步平抹

左脚向左前方上一步、屈膝；右腿在后，膝部挺直，脚尖里扣，成左弓步。随之左手剑指由胸前下降，经左下向上弧形绕环，在头顶上方屈肘侧举，拇指一侧在下；右手持剑（手心转向上）向前平抹，剑尖稍向右斜，眼看前方。

教学要求：抹剑时，手腕用力须柔和。

4. 弓步左撩

(1)右腿屈膝在身前提起,脚尖下垂,脚背绷直。同时,右手持剑臂外旋使剑由前向上、向后划弧,至后方时,屈肘使手腕、前臂贴靠腹部,手心朝里;左手剑指随之由头顶上方下落,附于右手腕部(手心朝下),眼看剑身。

(2)右腿继续向右前方落步、屈膝;左腿在后蹬直,脚尖里扣,成右弓步。同时,右手持剑由后向下、向前反手撩起,小指一侧在上;左手剑指随右手运动,仍附于右手腕处,眼看剑尖。

教学要求:剑由前向后和由后向前弧形撩起时,必须与提膝和向前落步的动作协调一致,握剑不可太紧;形成弓步后,上身略向前倾,直背、收臀;剑尖稍低于剑指。

5. 提膝平斩

左脚向前上一步,右手手腕向左上翻转、屈肘,使剑向左平绕至头部前上方,右脚随之由后向身前屈膝提起。右手继续翻转手腕。使剑向右平绕至右方后(手心朝上),再用力向前平斩;左手剑指由下向左、向上弧形绕环,屈肘横举于头部左上方,眼看前方。

教学要求:剑从左向后平绕时,上身必须后仰,使剑从脸部上方平绕而过,不可从头顶绕行;提膝时,左腿必须挺膝伸直站稳,右腿屈膝尽量上提,右脚贴护裆前,上身稍向前倾。

6. 回身下刺

右脚向前落步,脚尖外撇,膝略屈,上身右转。同时,右手持剑手腕反屈,使剑尖下垂,随之向后下方直刺,剑尖低于膝,拇指一侧在上;左手剑指先向身前的右手靠拢,然后在刺剑的同时,向前上方伸直,拇指一侧在上,眼看剑尖。

教学要求:右手持剑要先屈肘收于身前,在右脚向前落步和上身右转的同时,使剑用力刺出;左腿伸直,右腿稍屈,腰向右拧转,剑指、两臂和剑身须成一直线。

7. 挂剑直刺

(1)左脚向前上一步,屈膝略蹲,右臂内旋先使拇指一侧朝下成反手,然后翘腕、摆臂,使剑尖向左、向上抄挂,当持剑手抄至左肩时,再屈肘使剑平落于胸前,手心朝里;此时左腿伸直站立,右腿随之在身前屈膝提起,左手剑指屈肘附于右手腕处。

（2）接着，以左脚前脚掌碾地，上身右转，右手持剑使剑向下插，左手剑指仍附于右手腕处，眼看剑尖。

（3）上动不停，仍以左脚前脚掌为轴碾地，右脚向身后跨一大步、屈膝，上身从右向后转；左腿在后蹬直，脚尖里扣，成右弓步。同时，右手持剑向前直刺，剑尖与肩同高，拇指一侧在上；左手剑指随之向后平伸，拇指一侧在上，眼看剑尖。

教学要求：挂剑、下插、直刺三个动作必须连贯，且要与跨步、提膝、转身、弓步的动作要协调一致；弓步直刺后，两脚全脚掌均着地，上身稍向前倾、挺胸、塌腰。

8. 虚步架剑

（1）右手持剑先将剑尖由左向右搅一小圈，臂内旋使持剑手的拇指一侧朝下。同时，以右脚跟和左脚前脚掌为轴碾地，右脚尖外撇，上身从右向后转，左脚向前收拢半步，两膝均略屈成交叉步。在转身的同时，右手持剑反手向后上方屈肘上架；左手剑指屈肘经左肩前附于右手腕处。眼向左平视。

（2）右腿屈膝不动，左脚向前进一步，膝盖稍屈，前脚掌虚着地面，重心落于右腿，成左虚步。在右手持剑略向后牵引的同时，左手剑指向前平伸指出，手心朝下，眼看剑指。

教学要求：虚步必须虚实分明，右肘略屈使剑身成立剑架于额前上方，左臂伸直，剑指稍高过肩。

第二段

1. 虚步平劈

左脚脚跟外展，上身右转，重心移于左腿，右脚跟随之离地，成为前脚掌虚着地面的右虚步。在转身的同时，右手持剑向下平劈，拇指一侧在上；左手剑指即向上屈肘，手心向左上方，眼看剑尖。

教学要求：虚步必须分明，劈剑时手腕要挺直。

2. 弓步下劈

右脚踏实，身体重心前移，左手剑指伸向右腋下，右手持剑臂内旋使手心朝下。左脚随即向左前方上步、屈膝；右腿在后蹬直，脚尖里扣，成左弓步。在左脚上步的同时，右手持剑屈腕向左平绕，划一小圈后向前下方劈剑，剑尖高与膝平；左手剑指随之由右腋下面向左、向上绕环，在头顶上方屈肘侧举，上身略前俯，眼看剑尖。

教学要求：劈剑时，右肩前顺，左肩后引，剑尖与手、肩成一直线。

3．带剑前点

(1)右脚向左脚靠拢，以前脚掌虚着地面，两腿均屈膝略蹲。右手持剑向上屈腕，使剑向右耳际带回，肘微屈；左手剑指随之由前下落，附于右手腕处。眼向右前方平视。

(2)上动不停，右脚向右前方跃一步，落地后即屈膝半蹲，全脚着地；左脚随之跟进，向右脚并步屈膝，以脚尖点地，成丁步。同时，右手持剑向前点击，拇指一侧在上；左手剑指即屈肘向头顶上方侧举，手心朝上，眼看剑尖。

教学要求：向前点击时，注意右臂前伸、屈腕，力点在剑尖，手腕稍高于肩，剑尖略比手低；成丁步后，右腿大腿尽量蹲平，左脚脚背绷直，脚尖点在右脚脚弓处，两腿必须并拢；上身稍前倾，挺胸、直背、塌腰。

4．提膝下截

(1)右腿伸直，左腿退步后屈膝，上身后仰。右臂外旋手心朝上，使剑向右、向后上方弧形绕环；左手剑指不动。

(2)上动不停，右臂内旋使手心朝下，继续使剑向左、向前下方划弧下截，同时上身向前探倾，左腿屈膝提起，眼看剑尖。

教学要求：剑从右向左的圆形划弧下截必须连贯；左膝尽量高提，脚背绷直；右腿膝部挺直，站立要稳；右臂和剑身成一直线，剑身斜平。

5．提膝直刺

(1)右腿略屈膝，左脚向前落步，脚尖外撇。右臂外旋使手心朝上，并在左脚落步的同时向上屈肘，将剑柄收抱于胸前，手心朝里。剑尖高与肩平；左手剑指随之下落，屈肘按于剑柄上。此时两腿成为交叉步，眼看剑尖。

(2)右腿向身前屈膝提起，左腿伸直站立。右手持剑向前平直刺出，拇指一侧在上；同时左手剑指向后平伸指出，手心朝下，眼看剑尖。

教学要求：抱剑与落步，直刺与提膝，必须协调一致。

6．回身平崩

(1)右脚向前落步，脚尖外撇；左脚前脚掌碾地使脚跟外转，屈膝略蹲，同时上身向右后转，成交叉步。右手持剑臂外旋使手心朝上，屈肘向胸前收回，剑身与右前臂成水平直线；左手剑指随之直臂上举，经左耳侧屈肘前落，附于右手心上面，眼看剑尖。

(2)上身稍向右转，左腿挺膝伸直，右腿略屈膝。同时，右手持剑使剑的前端用力向右平崩，手心仍朝上；左手剑指屈肘向额部左上方侧举，眼看剑尖。

教学要求:收剑和平崩动作必须连贯;平崩时,用力点在剑的前端;平崩后,上身向右拧转,同时左脚不得移动。

7. 歇步下劈

右脚蹬地起跳,左脚向左跃步横跨一步,落地后,右腿即向左腿后侧插步,继而两腿屈膝全蹲,成歇步。在跃步的同时,右手持剑向上举起,并在形成歇步时向左下劈,拇指一侧在上,剑尖与踝关节同高;左手剑指随着下劈动作,下按于右手腕上面,眼看剑身。

教学要求:成歇步时,左大腿盖压在右大腿上面,左脚全掌着地,右脚脚跟离地,臀部坐在右小腿上;劈剑时,右臂尽量向前下方伸直,剑身与地面平行;劈剑与跃步成歇步动作必须同时完成。

8. 提膝下点

(1)右手持剑先使手心朝下成平剑,然后以两脚的前脚掌碾地,上身经右、向后转动,两腿边转边站立起来,右手持剑平绕一周。当剑绕至上身右侧时,上身稍向左后仰,同时剑身继续向外、向上弧形绕环,剑尖接近右耳侧;此时左手剑指离开右手腕向上屈肘侧举,眼看前下方。

(2)上动不停,右腿伸直站立,左腿屈膝提起,上身向右侧下探俯,同时右手持剑向前下点击,拇指一侧在上,眼看剑尖。

教学要求:仰身外绕剑与提膝下点两个动作必须连贯和同时完成。右腿独立时,膝部要挺直,左膝尽量上提。点剑时,右手腕要下屈,剑身、右臂、左臂和剑指要在同一个垂直面内。

第三段

1. 并步直刺

(1)以右脚前脚掌为轴碾地,使上身向左后转。在转身的同时,右臂内旋并向拇指一侧屈腕,使剑尖指向转身后的身前;左手剑指随之由上经右肩前、腹前绕环,向正前方指出,手心朝下,眼看剑指。

(2)左脚向前落步,右脚随之跟进并步,两腿均屈膝半蹲。同时,右手持剑向前平伸直刺,拇指一侧在上;左手剑指顺势附于右手腕处,眼看剑尖。

教学要求:两腿半蹲时大腿要蹲平,两膝、两脚均须紧靠并拢。上身前倾,直背、落臀。两臂伸直,剑尖与肩相平。

2. 弓步上挑

右脚上步屈膝,同时左脚脚跟稍内转,左腿挺膝伸直,成右弓步。右手持剑直臂向上挑举,剑尖向上,手心朝左;左手剑指仍向前平伸指出,手心朝下。上身稍微前倾,眼看剑指。

教学要求:左臂伸直,左肩前顺,剑指略高过肩;右臂直上举,剑刃朝前后。上身挺胸、直背、塌腰。

3. 歇步下劈

右腿伸直,左脚向前上步,脚尖外撇,随之两腿交叉屈膝全蹲,成歇步。同时,右手持剑向前下劈,拇指一侧在上,剑尖与踝关节同高;左手剑指屈肘附于右手腕里侧。上身稍前俯,眼看剑身。

教学要求:成歇步时,左大腿盖压在右大腿上面,左脚全掌着地,右脚脚跟离地,臀部坐在右小腿上;劈剑时,右臂尽量向前下方伸直,剑身与地面平行;劈剑与跃步成歇步动作须同时完成。

4. 右截腕

两脚以前脚掌碾地,并且两腿稍伸直立起,使上身右转,右腿屈膝半蹲,左腿稍屈膝,左脚前脚掌虚着地面,成左虚步。右臂内旋使拇指一侧朝下,用剑的前端下刃向前上方划弧翻转,随着上身起立成虚步,右手持剑再向右后上方托起,左手剑指仍附于右手腕,两肘均微屈。眼看剑的前端。

教学要求:两腿要虚实分明,上身稍向前倾,剑身平横于右额前上方,剑尖稍高于剑柄。

5. 左截腕

左脚向前上半步,并以前脚掌碾地使上身向左后转,右脚随之向前上一步,前脚掌着地,两腿均屈膝,成左实右虚之右虚步。在右脚进步的同时,右臂外旋,使剑身的前端向左前上方划弧翻转,手心朝上,剑身与地面平行;左手剑指随之离开右手腕,屈肘向上侧举。眼看剑的前端。

教学要求:与右截腕相同。

6. 跃步上挑

(1)左脚经身前向前上一步,右脚随之在身后离地,小腿后弯。同时,右手心朝里,使剑由右向上、向左屈肘划弧,剑至上身左侧时,右手靠近左胯旁,拇指一侧在上并向上屈腕;左手剑指在右手向左下落时附于右手腕上,眼看剑尖。

（2）左脚蹬地，右脚向右侧跃步，落地后屈膝略蹲，左脚随之离地屈膝从身后伸向右侧方，形成望月式平衡。上身向左侧倾俯。在右脚跃步的同时，右手持剑由左胯旁向下、向右划弧，当剑到达右侧方时，臂外旋并向拇指一侧屈腕，使剑向上挑击；左手剑指即向左上方屈肘横举，拇指一侧在下，眼看右侧方。

教学要求：跃步和上挑动作必须协调一致，且要迅速完成。挑剑时，腕部要猛然用力上屈。形成平衡动作后，右腿略屈膝站稳，左小腿尽量向上抬起。上身向右拧转，剑身斜举于右侧上方，持剑略松。

7. 仆步下压

（1）右手持剑使剑尖从头上经过，继而向身后、向右弧形平绕，当剑绕到右侧时，即屈肘将剑柄收抱于胸部前下方，手心朝上。同时，右膝伸直，上身立起，左腿屈膝提于身前，左手剑指仍横举于左额前上方。

（2）上动不停，左手剑指经身前下落，按在右手腕上。左脚随之向左侧落步，屈膝全蹲；右腿在右侧平铺伸直，脚尖里扣，成右仆步。同时，右手持剑用剑身平面向下带压，剑尖斜向右上方。上身前探，眼向右平视。

教学要求：做仆步时，注意左腿要全蹲，臀部紧靠脚跟，不要凸起，两脚全脚掌均着地。上身前探时要挺胸，两肘略屈环抱于身前。

8. 提膝直刺

两腿直立站起，左腿屈膝提于身前，右腿挺直站立。同时，右手持剑向身前平伸直刺，拇指一侧在上；左手剑指屈肘在左侧上举，拇指一侧在下，眼看剑尖。

教学要求：右腿独立须挺膝站稳，左膝尽量上提，脚背绷直，脚尖下垂。上身稍右倾，右肩、右臂和剑身要成一直线，左臂屈成圆形。

第四段

1. 弓步平劈

右臂外旋，先使手心朝向背后、剑的下刃转翻向上，继而上身左转，同时左脚向左后侧落一大步、屈膝；右脚以前脚掌为轴碾地，脚跟稍外转，右腿挺膝伸直，成左弓步。左手剑指随着持剑臂的运行而向右、向下、向左、向上圆形绕环，仍屈肘举于头部左侧上方；同时，右手持剑向身前平劈，拇指一侧在上，臂要伸直，剑尖略高于肩，眼看剑尖。

教学要求：向前劈剑和剑指绕环必须协调同时完成，两肩要放松。

2. 回身后撩

右脚向前上一步,膝微屈;左脚随之离地,小腿向上弯屈;上身前俯,腰向右拧转。右手持剑随右脚上步而向后反撩,剑尖斜向下方,拇指一侧在下;左手剑指前伸成侧上举,拇指一侧在下,眼看剑尖。

教学要求:这一动作要求右脚站立要稳,左脚脚背绷直,上身挺胸,两肩放松。

3. 歇步上崩

(1)右脚蹬地,左脚向前跃步,上身随之向右后转;左脚落地,脚尖稍外撇,右腿摆向身后。在上身转动的同时,右臂外旋,使拇指一侧朝上;左手剑指在身后平伸,手心朝下,眼看剑尖。

(2)上动不停,右脚在身后落步,两腿均屈膝全蹲,左大腿盖压在右大腿上,臀部坐在右小腿上,成歇步。同时,右手持剑直臂下压,手腕向拇指一侧上屈,使剑尖上崩;左手剑指随之屈肘在头部左上方侧举,拇指一侧在下,眼看剑身。

教学要求:向前跃步、歇步和剑尖上崩三个动作要连贯协调。同时要求跃步要远,落地要轻(前脚掌先着地)。上崩时腕部要猛然用力上屈,剑尖高与眉平。歇步时上身前俯,胸须内含。

4. 弓步斜削

(1)左脚脚尖里扣,上身右转,右脚随之向前上步、屈膝,左腿在身后挺膝伸直,成右弓步。右手持剑臂外旋使手心朝上,在转身的同时,屈肘向左胁前收回;左手剑指随之从身前下落,按在剑柄上。上身向右前倾,眼看前方。

(2)上动不停,右手持剑由后向前上方斜面弧形上削,手心斜向上方,手腕稍向掌心一侧弯屈;同时,左手剑指伸向后方,拇指一侧在上,眼看剑尖。

教学要求:斜削时,注意右臂稍低于肩,剑尖斜向脸前右上方,略高于头,左臂在身后侧平举,剑指指尖略高于肩部。

5. 进步左撩

(1)右腿伸直,上身向左转,左腿稍屈膝。同时,右手持剑使手心朝里经脸前边转身边向左划弧,剑至体前时,左手剑指附于右手腕里侧,眼看剑尖。

(2)以右脚跟为轴碾地,脚尖外撇,上身向右后转;左脚随之向前上步,以前脚掌虚着地面。同时,右手持剑反手向下、向前、向上继续划弧撩起,剑至前上方时,肘部略屈,拇指一侧在下,剑尖高与肩平;左手剑指随右手动作,仍附于右手腕上,眼看剑尖。

教学要求:以上两个剑身的划弧动作,必须连贯成一个完整的绕环动作。撩剑后,注意右腿微屈,左腿伸直,身体重心落于右腿,剑尖稍微朝下。

6. 进步右撩

(1)右手持剑直臂向上、向右后方划弧,左手剑指随势收于右肩前,手心朝左,眼看剑尖。

(2)左脚踏实后以脚跟为轴碾地,脚尖外撇,右脚随之向左脚前上一步,前脚掌虚着地面。同时,右手持剑由右向下、向前划弧抢臂撩起,剑至前方时,肘微屈,手心朝上,剑尖高与头平;左手剑指随之由右肩前向下、向前、向后上方绕环,屈肘侧举于头部左上方,眼看剑尖。

教学要求:与进步左撩相同,只是左右相反。

7. 坐盘反撩

右脚踏实后向前上一小步,随即左脚从右腿后向右侧插一步,两腿屈膝下坐,成坐盘式。在左脚插步的同时,右手持剑向上、向左、向下、再向右上方反手绕环斜上撩,剑尖高过头顶;左手剑指随之经体前向下。向后上方划弧,屈肘横举于左耳侧,拇指一侧在下。上身向左前倾俯,眼看剑尖。

教学要求:注意坐盘必须与反撩剑动作协调进行。坐盘时,左腿盘坐地面,左脚背外侧着地;右腿盘落于左腿上,全脚掌着地,脚尖朝身前。上身倾俯时胸要内含,剑尖与右臂、左肘、左肩成一直线。

8. 转身云剑

(1)右脚蹬地,两腿伸直站起,并以两脚的前脚掌碾地,使上身向左后转;转身之后,右腿屈膝略蹲,右脚踏实,左膝微屈,前脚掌虚着地面,身体重心落于右腿。同时,右手持剑随身体转动一周后屈肘使剑平举,拇指一侧在下;此时左手剑指附于右手腕处,眼看剑尖。

(2)上动不停,上身后仰,右手持剑向左、向后、向右、向前圆形云绕一周,剑至身前时,右手手心朝上、松把,使剑尖下垂;左手剑指放开,拇指一侧朝上,准备接握右手之剑。此时重心前移,左脚踏实,右腿伸直,上身前倾,眼看左手。

教学要求:转身和云剑动作必须连贯,且做云剑动作时要平、要快,腕关节放松使之灵活。

收势

(1)右手将剑柄交于左手后即握成剑指,左手接剑后反握住剑柄向身体左侧下垂。同时右脚向右前方上步,脚尖里扣,屈膝略蹲,上身随之左转;左脚随之向前移步,以前脚掌虚着地面,膝微屈。在上身左转的同时,右手剑指随之由身后向上屈肘侧举于头部右上方,手心朝上,眼向左平视。

(2)右腿伸直,右脚向左脚靠拢,并步站立。右手剑指下落于身体右侧,手心朝下,恢复成预备式,眼向正前方平视。

教学要求:做这一动作时,注意重心落于右腿,上身前倾,挺胸、塌腰,两肩松沉,左肘略上提,剑身紧贴前臂后侧,并与地面垂直;持剑时,前臂与剑身要紧贴并垂直于地面;两肩松沉,上身微挺胸、收腹,两膝挺直。

第六章　民族传统体育的搏击项目教学

民族传统体育运动中的搏击项目在我国也有着悠久的历史,如散打、擒拿、摔跤等搏击项目以其良好的健身价值和防卫特点获得了人们越来越多的关注,并成为人们健身防卫的重要手段之一。

第一节　散　打

散打具有重要的健身价值,同时又是一种重要的技击形式。近年来,中国武术散打联赛的举办对散打的推广起到了重要的作用,人们逐渐对散打运动有了一个比较深刻的认识和了解。本节重点阐述一下散打基本技术教学的方法。

一、散打概述

散打在我国有着悠久的历史,散打也叫散手,古时称之为手搏、技击等,是中国传统武术的擂台形式,也是中国武协为了使武术能够与现代体育运动相适应所整理而成。散打是中国武术的精华,它不仅具有强身健体的价值,同时还具有对抗性强、实用性强等特殊的作用和功能;不仅能防身自卫,而且还能在对敌斗争中克敌制胜。

散打运动是按照一定的竞赛规则,运用武术中的踢、打、摔等攻防技法进行徒手对抗的一种现代竞技体育项目。其战术是指对抗中根据对抗双方的各种场上情况,各自为战胜对方而采取的计策和方法。现代散打竞技比赛是按照一定的体重分级,在规则允许的情况下,两人在 8 米见方的台上进行斗智、较技的对抗性竞赛项目。中国武术散打自 1979 年 3 月被确定为试点项目以来,经过多年的内部交流、公开表演,在不断总结经验的基础上,比较科学地规范了技术动作,逐步完善了规则,确定了竞赛模式,于 1989 年被国家体委列为正式比赛项目。目前,除每年举行全国性的团体赛和个人冠军赛外,武术散打还被列为全运会、亚运会和世界武术锦标赛项目。随着散打运动在国内外交流的日益频繁,散打技术得到了很大的提高。散打这一运动形式已被越来越多的人们接受和喜爱,这为散打项目走向世界,走进奥运奠定了坚实的基础。

散打作为传统武术的重要组成部分,从技术角度看,它与实用技击是基本一致的,但从体育的角度出发,散打运动有一定的规则限制,它以不伤害对手为前提,与实用技击又有着本质的区别。因此,从这个意义上来说,散打属于体育的范畴,是人们健身锻炼的一种重要形式。

二、散打基本技术教学

(一)基本步法教学

1. 滑步

(1)前滑步

后脚掌蹬地,前脚稍离地向前滑出20～30cm,后脚随之跟进相同距离,身体重心保持在两脚之间,整个动作完成后仍为原来的姿势(图6-1)。

(2)后滑步

前脚掌蹬地,后脚稍离地向后滑出20～30cm,前脚随之后退相同距离,身体重心保持在两脚之间,整个动作完成后仍为原来的姿势(图6-2)。

图 6-1　　　　　　　　　　　　图 6-2

在运用滑步时,要想达到理想的步法运用效果,要注意以下几个方面:第一,靠近运动方向的一侧脚先移动;第二,脚要沿着地面滑动;第三,滑步时,身体重心移动要平稳,上体不可前俯后仰,重心不要超出两脚的支撑面;第四,脚掌尽可能不离开地面,腿部肌肉放松自然,不可做跳跃步;第五,移动过程中,两脚应始终保持平行,以保持移动中的稳定性;第六,移动时应以脚掌为支撑点,不应出现迈步现象。

2. 交换步

从预备姿势开始,前后脚同时蹬地稍离地面,在空中左右腿前后交替,转体120°左右,同时两臂也做前后体位的交换,完成动作后成与原来相反的预备姿势(图6-3)。

在运用交换步时,转换时要以髋部力量快速带动两腿交换,同时身体不能腾空过高,否则就会影响步法的运用效果。

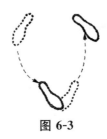

图 6-3

3. 纵步

以前纵步为例,从预备姿势开始,两脚同时蹬地,使身体向前或向后移动(图6-4)。

在运用纵步时,为了能够达到理想的步法运用效果,要注意以下几个方面:首先,启动前不宜过分降低重心,不然容易暴露动作意图;其次,动作主要靠脚踝的力量向前纵出,但不宜过于腾空;再次,向后纵步,动作要领与向前纵步相同,但方向相反。

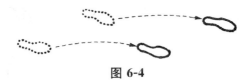

图 6-4

4. 垫步

从预备姿势开始,重心前移,后脚蹬地向前脚内侧并拢,随即前脚屈膝提起,根据情况使用蹬、踹腿法;上动不停,在使用腿法的同时,支撑腿随蹬(踹)腿向前再垫出一步,脚跟斜向前(图6-5)。

在运用垫步时,为了能够取得理想的步法运用效果,要注意以下几个方面:首先,后脚向前脚并拢要快,前腿提起的动作与后腿的并拢动作不脱节,不停顿;其次,配合后腿的垫步要与腿法同时完成,但要注意垫步时不能腾空,为加大力度和充分伸展,踹出后的支撑腿脚后跟必须斜向前方。

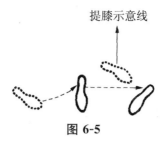

图 6-5

5. 闪步

（1）左闪步

从预备姿势开始，上体保持原来的姿势，前脚向左侧迅速蹬出 20～30 厘米，紧接着后脚以前脚为轴迅速向左滑动，角度在 45°～90°以内，动作完成后成预备姿势的步型（图 6-6）。

（2）右闪步

从预备姿势开始，后脚向右方横向蹬出，随后以髋部带动前脚向右侧滑动，身体转动一般在 60°～90°之间，动作完成后成预备姿势（图 6-7）。

图 6-6　　　　　　　　　　图 6-7

需要注意的是，此步法也常常用于侧闪防守时，其中，关键的动作是转体闪躲。因此，为了能够较好地躲闪对方的正面进攻，侧闪步的同时要转体，否则就会影响步法的运用效果。

6. 击步

（1）向前击步

从预备姿势开始，重心前移，后脚蹬地向前脚内侧迅速靠拢，在后脚着地的同时前脚向前方迅速跃出，着地后两脚成预备姿势步型（图 6-8）。

（2）向后击步

从预备姿势开始，重心后移，前脚蹬地向后脚内侧迅速靠拢，着地后两脚成预备姿势步型（图 6-9）。

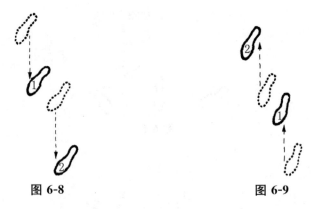

图 6-8   图 6-9

在运用击步技术时,要想取得较为理想的步法运用效果,需要注意以下事项:首先,不能腾空过高,两脚动作要依次、连贯、快速;其次,完成动作的过程中要注意上体不能前俯后仰。

(二)基本拳法教学

1. 冲拳

(1)左冲拳击头

从基本搏斗姿势开始,右脚掌蹬地,使重心快速前移到左脚上,身体右转,右脚跟稍向内转一下,在转体同时,探左肩,左臂迅速向前伸出,力量集中在拳头顶部,在击拳瞬间应该感到肩部有催劲。左膝稍弯屈一下。右手防护下颌,肘部防护身体;左手击打完成后应尽快收回成开始姿势(图 6-10)。

在运用左冲拳击头时,要注意出拳时身体重心不能过分前倾,不要翘臂、夹肩,右手不能向后拉,否则会影响拳法的运用效果。

图 6-10

（2）右冲拳击头

从基本搏斗姿势开始，以右脚前脚掌支撑蹬地，同时脚跟外转，把蹬地力量传至全身。身体随左后转，旋右臂向前沿直线冲出，在接近目标刹那合肩，将拳握紧。随出拳瞬间，重心移在左脚上，全脚着地。右脚微向左脚踵跟进，右膝靠近左膝。收左手防护头及上体（图6-11）。

在运用右冲拳击头时，为了能够取得较为理想的拳法运用效果，要注意以下几点：首先，蹬地、前移重心、转脚、屈膝、转体、顺肩、旋臂和出拳动作要协调一致；其次，左膝不能过屈；再次，不能有右拳后撤动作，发拳之前重心不要过早移到左腿上。

图 6-11

（3）左冲拳击上体

从基本搏斗姿势开始，重心移至左脚。左脚微向里扣，脚跟微外转，左膝屈成110°～120°。重心向左脚移动。右脚蹬地，身体随之右转。同时左臂沿直线快速冲出。右手防护不变（图6-12）。

为了能够取得较为理想的拳法运用效果，在运用左冲拳击上体时，要注意：首先，头不能超出前脚尖过多；其次，左脚外转与屈膝要同时进行；再次，出拳时上体微向前弯屈，但不能仰头或低头。

图 6-12

（4）右冲拳击上体

从基本搏斗姿势开始，重心移向右脚，以右前脚掌为支点，用力蹬地，身体随之左后转；重心前移到左脚，全脚着地。在身体左后转的同时，左膝屈约 $100°\sim130°$。重心在后脚。与转腰同时，右手臂沿直线向前冲出。左手护头，肘护肋（图 6-13）。

在运用右冲拳击上体时，既可以直接击打上体或闪躲后击上体，也可以在左拳击出后使用。

图 6-13

2. 贯拳

（1）左贯拳击头

身体重心移至右脚，随之向右转体带臂，左肘微屈，使左拳前送并成横向从左向右摆动。同时左脚蹬地，脚跟微外转，随之全脚掌着地，左膝屈约 $110°\sim120°$。右手保护下颌（图 6-14）。

在以左贯拳击头时，要注意：首先，要以腰带臂；其次，出拳的手臂边前伸，边横摆，以加快速度。否则会对拳法的运用效果有一定的影响。

图 6-14

（2）右贯拳击头

从基本搏斗姿势开始，右脚尖蹬地，脚跟微外转，身体随之猛向左拧转，右臂由侧横向成弧形摆动。边摆边前伸，再加上肩部动作一起向击打方向送出。身体重心略移到左脚。击打后，身体稍降低，微向左侧偏，以防身体前倾失去重心、暴露弱点。击打的刹那左肩比右肩略低。击打后的右手不要离开身体过远。左手保护下颌（图 6-15）。

在运用右贯拳击头时，要想取得较为理想的拳法运用效果，就需要注意以下几方面：首先，击打时抢臂与转腰同时，拳与肘接近水平，即边出拳边起肘；其次，抬肘不要过高，免得动作僵直缓慢；再次，拳头边出边内旋，击中后就停，用脆劲，以便于收成开始姿势。

侧　　　正　　　右贯拳
发拳时的动作特征

图 6-15

（3）左贯拳击上体

重心右移，两膝微屈，重心下降。同时身体及腰部向右突转带动左手臂（左臂微屈）将拳成横向朝对方上体击出。右手保护头部（图 6-16）。

在运用左贯拳击上体时，注意要边出拳边抬肘，碾脚、蹬地，转体带臂。这样才有可能取得较为理想的拳法运用效果。

图 6-16

(4)右贯拳击上体

从基本搏斗姿势开始,上体向右转。同时身体微俯,右拳屈臂横向向左击出。边出拳边抬肘,碾脚,蹬地、转体带臂,重心左移。拳触目标时向里推击,防止对方把腹部绷紧。击后迅速成开始姿势。

运用右贯拳击上体时,要想取得较为理想的拳法运用效果,就要注意以下几方面事项:首先,重心降低并前移;其次,后腿屈膝,脚跟外展,以利用上全身的劲;再次,摆臂时不要有意抬肘;最后,臂微屈,但要放松。

3. 抄拳

(1)左抄拳击头

从基本搏斗姿势开始,重心移向左脚,体位微下沉,腰部和左腿瞬间挺直,借挺展力量带动手臂,将拳由下往上抄起。击打刹那间,拳心朝内(图6-17)。

在运用此拳法时,既可以直接击头,也可用于当对方右冲拳击己方头部时,己方向右侧闪,同时用左抄拳击对方头部。为了取得较为理想的效果,要注意动作的标准性。

图 6-17

(2)右抄拳击头部

从基本搏斗姿势开始,重心微降,右脚前脚掌蹬地,重心移至左脚。上体略向击打方向伸直,腰微左转、前送,借转体力量带臂(臂屈约 $45°\sim80°$)将拳自下而上,用挺展力量击出。击打刹那间拳心向内(图6-18)。

在运用右上抄拳时,要想取得较为理想的拳法运用效果,首先,要注意脚跟朝外转动,以加大打击力量;其次,右脚蹬地与转脚跟要协调一致。

(3)左抄拳击上体

左抄拳击上体的动作方法与左抄拳击头基本相同,不同之处在于左抄拳击上体的身体弯曲度加大(图6-19)。

　　这种拳法的应用法式较为广泛,既可以直接击打对手上体,也可以在防住对手右腿踢后,用左抄拳击其上体;除此之外,还可以先用右手做假动作,使身体重心移至左脚,微屈膝,上体微向左转,重心下降,随之左膝蹬直,用左抄拳击对方上体。具体根据对手的特点和具体情况,进行有针对性的选择。

图 6-18　　　　　　　　　　　　　图 6-19

　　(4)右抄拳击上体

　　从基本搏斗姿势开始,身体重心移至右脚,体位略下沉。右脚猛蹬地,使腰部突然微左转挺展带动手臂将拳由下向上抄起,击打对方腹部,同时重心移至左脚。一般随出拳向前跨一步(图 6-20)。

　　用右抄拳击上体时,应注意的事项与右抄拳击头部的基本相同,其中,最为关键的是动作的协调性要强。

图 6-20

　　4. 鞭拳

　　(1)左鞭拳击头

　　从基本搏斗姿势开始,重心前移,上身前探,左臂旋臂前伸,随之以肘为轴,猛甩腕翻拳,用拳背击打对方头部。

在运用左鞭拳击对方头,可用于败势退步时,突然左插步向左后转身180°鞭击对方;或前手佯攻,朝对手方向倒插步转身鞭击头部。为了取得较为理想的拳法运用效果,要注意以下几各方面:首先,发劲要快要有力,使臂部有鞭击动作;其次,臂部放松,勿发僵劲;再次,肘微屈,不要有意抬肘;最后,转身鞭拳应注意插步转体要快。

(2)右鞭拳击头

从基本搏斗姿势开始,重心前移,上身前探,右臂旋臂前伸,随之以肘为轴,猛甩腕翻拳,用拳背击打对方头部(图6-21)。

用右鞭拳击对方头部时,需要注意的是:首先,发动要快而有力,使臂部有鞭击动作;其次,臂部放松,勿发僵劲,肘微屈不要有意抬肘;再次,转身鞭拳,注意插步转体带臂要快。另外,这一拳法可用于败势时,右脚插步,向右后转身用右拳鞭击对方头部,还可用于前手佯攻,朝对手方向插步转身鞭击其头部。

图 6-21

(三)基本腿法教学

1. 正蹬腿

支撑腿微屈,另一腿蹬地屈膝上抬,脚尖微勾起,展髋向正前方猛蹬冲。同时上体微后倾,髋前送,右脚触及目标瞬间全身肌肉绷紧,力达足跟,再次发力用前脚掌点踏(图6-22)。

在运用正蹬腿时,要想取得较为理想的腿法运用效果,需要注意以下几方面:首先,支撑腿微屈,蹬出腿屈膝尽力向上顶;其次,猛送髋,大腿发力带动小腿,脚沿直线向前蹬伸;再次,脚跟与前脚掌先后依次发力,先蹬再点踏。

图 6-22

2. 边腿(侧弹腿)

前脚向前滑动一步,前移约 10～20 厘米,带动后脚前移,支撑身体重量。几乎在落步同时,屈膝向斜前抬大腿,带小腿,随之用力拧腰转髋,猛挺膝,横向由外向内用力踢出,力达足背(图 6-23)。

在运用边腿时,首先,要注意起腿时,支撑腿微屈,上体向支撑腿一侧倾斜,以维持身体平衡,起腿越高,倒体越大;其次,用鞭击方式发力,踢击后立即收回。把握好这两点,通常都会取得较为理想的腿法运用效果。

图 6-23

3. 侧踹腿

支撑腿脚尖微外转,腿微屈,侧对对方;另一腿屈膝高抬,脚尖自然勾起,脚外沿朝向对方,腿部猛然伸直,用脚掌沿直线蹬踹目标。发力瞬间转髋,加大旋转劲,以助腿部鞭打效果。踹腿时上体自然向相反方向倒体,踹腿越高倒体越大(图 6-24)。

在运用侧踹腿时,为了能够取得较为理想的腿法运用效果,要注意:首先,要以转髋助蹬踹;其次,起腿要突然,沿直线越快越好;再次,注意在不断移动中调整距离。

图 6-24

4. 小边腿

重心略后移,支撑腿微屈;另一腿抬起,快速向斜下侧弹出。上体自然朝踢击方向微转(图 6-25)。

在运用小边腿时,要注意:首先,起腿离地不要过高;其次,弹腿要快而有力,发劲时身体重心随之下降;再次,弹击后回复原来姿势。把握好这几点,往往就能取得较为理想的腿法运用效果。

(四)基本摔法教学

1. 接腿搂颈摔

己方右脚在前,对方起右脚蹬己方上体时,己方用左臂由外向内抓其小腿,右手搂其颈部并外旋。左手猛力上抬对方右腿,右手继续向右后下方边搂边抓压,形成力偶,同时用右脚截其支撑腿使其倒地(图 6-26)。

在运用接腿搂颈摔时,注意要转体带臂,一抬一压,造成旋转动势而摔倒对手。否则,往往很难取得理想的摔法运用效果。

图 6-25

图 6-26

2. 抓臂按颈别腿摔

对方用右贯拳或右直拳向己方头部击来,己方迅速向左微转体,用左前臂向左上架格挡住,左手下滑抓其腕部,随身体左转上右脚,用右腿别住对方右腿,右臂向左挟拧对方颈部时身体再向左拧转,左手用力向左后拉对方右臂,右臂向左下猛挟拧对方颈部,继续用力使对方倒地(图 6-27)。

在运用抓臂按颈别腿这一摔法时,注意挟颈要紧,转体要快,否则就不会取得较为理想的摔法运用效果,给对方可乘之机。

图 6-27

3. 抱腿压摔

对方用左边腿击己方上体,己方迅速靠近对方,用右手从上抓握其左脚踝,并屈左臂用肘窝夹住其左膝窝。右脚向右后撤一步,上体随之右后转并屈膝降重心。左臂夹紧其膝部,右手先向左后拽拉,后向上扳其小腿。左肩前靠,形成力偶,使对方向后倒地(图 6-28)。

运用抱腿压摔时,要注意向右后转体时,右手向上扳与左肩朝下压腿动作要一致,否则就不会取得较为理想的摔法运用效果。

图 6-28

4. 闪躲穿裆靠摔

对方左脚在前,用左冲拳或贯拳向己方头部击来。己方迅速屈膝下潜,使对方击打落空。下潜的刹那,上右脚落于对方左脚后。同时用左手抓按对方的左膝,右臂沿对方左腿内侧伸进裆内,别住其右膝窝处,用头顶住对方胸部,上体用力向后猛靠使对方倒地(图 6-29)。

在运用闪躲穿裆靠这一摔法时,要注意两点:一个是要按膝、穿裆同时上步;另一点是上体向后靠时,向右后转体。把握好这两点,往往就会取得较为理想的摔法运用效果。

图 6-29

5. 抱腿别摔

对方用左边腿击己方上体,己方迅速靠近对方,用右手从上抓其左脚腕,并屈左臂用肘窝夹住其左膝窝。随即躬身用左手由裆下穿,用左手掌扣住其右膝窝,右手往右后扳拉其左脚腕。身体右后转,同时下降重心,右手继续向右后扳拉,形成力偶,迫使对方瞬间失去重心而倒地(图 6-30)。

在运用抱腿别摔时,要注意左别右扳,协调一致,转体与两臂用力一致。这样往往能够取得较为理想的效果。

图 6-30

6. 格挡搂推摔

对方左脚在前,用左冲拳或贯拳向己方头部击来。己方用右手臂上架来拳,并屈臂顺势向右后经由对方左臂外侧由上往下滑动,用力卡住其左臂。上左腿,右手下滑至对方左大腿时,向回按扒,同时用左手猛推对方左胸部,使其失去重心倒地(图 6-31)。

在运用格挡搂推摔时,要注意一拉一推的动作要同步,否则就会对摔法的运用效果产生一定的影响。

图 6-31

第二节　擒　拿

一、擒拿概述

擒拿术是我国民族传统体育的重要组成部分,作为中华武术宝贵的文化遗产之一,擒拿术具有较明显的技击防卫作用,因而受到人们的欢迎和喜爱。

就古代的文献记载而论,"擒"字的使用在史籍中出现的较早。《春秋公羊传》庄公十二年记载:"(宋)万怒,搏闵公,绝其脰。"所谓"绝其脰",就是用擒拿中的"锁喉法",使之气绝而死。《汉书·娄敬传》载:"夫与人斗,不搤其亢,拊其背,未能全胜。"亢,是喉头,"搤亢"是擒拿的一种方法。由于擒拿有明显的技击作用,故为历代兵家所重视。明代戚继光《纪效新书·拳经·捷要》中介绍各拳术名家时就有"鹰爪王之拿"的记载。清朝称为串指,直到民国才系统地称为擒拿,或称之为拿技。由此可见擒拿术的"擒"字含义是较明确的,"擒者,捉也""鸟力小可擒捉而取之",形容擒拿胜对手犹如捕获小鸟般轻而易举。

擒拿还可以分为大擒拿和小擒拿。其中小擒拿又称锁筋扣骨手,都是一些小巧功夫,主要是在近身格斗中锁拿敌人的小关节、主筋等部位。而大擒拿又称作分筋错骨手,主要是通过拿捏敌人的肌腱或利用反关节技术令敌人的大关节失去功能。

擒拿术的定义应为:以至微之巧力,擒敌于肢体一部位或某部位,使其身体关节受制,而失去反抗能力被擒的技术或技法。至于何时为擒,何时为拿,诸见仁者之仁、之智,众口纷纭。根据擒拿术特点,以统一握为"擒",指扣合作拈指打之或捉之为"拿";或者说以施法制敌为"拿",接手为"擒"。

二、擒拿基本技术教学

(一)基本手法教学

1. 抓

对方用拳或掌击来,五指合力将其前臂或腕关节握住。在实战中,抓和拿是并举配合运用的。

2. 压

当对方用拳或掌击打我方腹部时,我方前臂由上向下挤住对方前伸臂用力向下。其常与拿一起使用,压住对方的臂、腕、肘、膝等关节处,使其无法移动。

3．托

对方用拳或掌由上向下击来，我方用手掌由下向上举，控制对方手臂，阻止对方下击。

4．刁

对方用拳或掌击打我方头面部，我方反手由里向外，小指一侧先接触对方前臂或腕关节，然后五指合力，将其前臂或腕关节攥住。

5．拧

对方用拳或掌击来，抓住对方前臂或腕关节向里或向外旋转，将其控制住。

6．推

对方用拳或掌击来，用手向外或向前用力，使其前臂移动，改变攻击方向。

7．架

对方用拳或掌击来，用前臂向上横截，支撑对方前伸臂。

8．拨

当对方用拳击打我方腹部时，我方用前臂由上向下、向里封堵，使对方攻击方向改变后迅速回收。

9．缠

当对方抓住我方手腕时，我方被抓手以腕关节为轴向上、向外、向下旋转，抓拧对方手腕。

10．搅架

对方用拳或掌击打我方头面部，我方用前臂向斜上方架出，拳心朝里，当触到对方前臂后迅速外旋上架前臂，拳心朝外。上架前臂要贴紧对方前臂，不但使对方前臂改变攻击方向，还可紧紧将其控制住。

11．搂抓

对方用拳或掌击打我方头面部，我方用前臂由下向上横截，当触到对方前伸臂时,顺势反手抓紧对方前臂或腕关节,用力向自己斜下方拉。

（二）基本功教学

1. 增加指力的练习

（1）指功

面对墙壁或木桩、其他物体,用两手食指交替向其戳击。初学者开始练习时用力不要过猛,练习次数由少到多。

在练习指功时,首先,要精力集中,经常练习指力大增;其次,还要注意由轻到重,循序渐进,以避免手指出现损伤。

（2）抓罐子

自备一个小罐子,内可装沙子等物,重量大小适宜。两腿屈膝半蹲成马步,左右手交替抓罐子,也可抓铁锥等物体。重量和练习次数可逐渐增加（图6-32）。

在练习抓罐子时,需要注意的是,两脚站稳,抓握要有力,否则练习的效果就会受到一定的影响,达不到增加指力的效果。

图 6-32

（3）抓沙袋

自制一个重量适宜的小沙袋,内装沙子或谷物。两脚开立或两腿屈膝蹲成马步,然后一手上抛沙袋,待其下落时另一手迅速抓握,左右手交替抛接沙袋,反复练习。此项练习还可以两人或多人互相扔、抓沙袋反复练习（图6-33）。

在进行抓沙袋练习时,需要注意的是:两脚站稳,抛接要协调有力。另外,重量和练习次数可根据练习者的实际情况逐渐增加,注意要避免运动损伤的发生。

图 6-33

（4）抓铁球

两腿开立半蹲，一手抓握铁球，然后上抛。当铁球下落时，另一手迅速抓握，两手交替反复练习（图 6-34）。

在进行抓铁球练习时，需要注意：两手配合要协调，抓握要有力。否则练习的效果就会受到一定的影响，达不到增加指力的效果。

图 6-34

2. 增加臂、腕力量的练习

（1）推砖

两脚开立，屈膝半蹲成马步。上体正直，两手各握一块砖，拇指在上，屈肘收于两腰侧，目视前方。然后左右两手交替向前平推，动作同冲拳。初练时重量可轻，随功力增强，练习的时间、次数和重量可逐渐增加，也可手持哑铃做冲拳练习。开始每组 30 次，每天推 2～3 组，以后可不断增加（图 6-35）。

在进行推砖练习时，需要注意：推出时手臂要伸直，前推时身体尽量减少摆动，否则会影响练习的效果，达不到增加臂力和腕力的目的。

图 6-35

（2）拧棒

将若干块砖或一个重物系在一绳子上，拴在圆木棒上。两手各握木棒两端。两脚开立蹲成马步，两手向前臂伸直，握棒两手向前下用力拧棒，将重物拧起，随即两手向后反拧慢慢放下，如此反复练习。初学者可用一块砖或轻重量的物体练习。随着功夫的增长，练习的时间、次数和重量逐渐增加。一般每次练习 3～5 组，每组 50 次（图 6-36）。

在进行拧棒练习时，动作的标准程度非常重要。首先，头部和身体正直，不要歪斜；其次，两脚要站稳，动作要缓慢。只有做到动作标准，才能取得较为理想的练习效果。

图 6-36

（3）缠腕

二人面对，相距两步左右半蹲成马步。甲乙双方同时伸出左手或右手，由对方外侧向里，两手相交在手腕处，同时向外旋，掌心向下，虎口向前抓握对方手臂向下拧压，然后将手松开，再以另一手缠抓对方。如此反复交替练习，目随手转（图 6-37）。

在进行缠腕练习时，需要注意：两脚要站稳，抓拧要有力。否则就会影响缠腕时的用力，影响练习的效果，增加臂力和腕力的效果就会有一定程度的降低。

图 6-37

（三）实用技法教学

1. 缠臂推击

对方右手从背后抓我方右肩（图 6-38）；我方迅速左后转，同时左臂抡绕缠夹对方右臂，右掌推击对方下颌，也可顺势顶膝（图 6-39）。

在运用缠臂推击这一技法时，需要注意：转身抡绕要快，缠夹要紧并上提，右手短促发力。

图 6-38　　　　　　　　　　　图 6-39

2. 挑掌抓拧

对方正面左手由外侧向内抓握我方手腕，我方左脚向左前上半步，脚尖内扣，同时屈右肘下沉，右手成八字掌上挑（图 6-40）；我方小臂内旋，右掌由上向右下翻切，反抓握住对方左手腕，随即右脚向斜后撤半步，右手由外向里翻拧（图 6-41）。

在运用挑掌抓拧这一技法时，要注意手法与步法配合要协调，抓拧要有力，否则就会影响擒拿对方的效果，给对方以可乘之机。

图 6-40

图 6-41

3. 掀压击肘

　　我方正面双肩被对方双手抓住；我方双手从对方双手中间环抱，左臂上掀右臂下压对方肘部，即可解脱；我方左手顺对方右臂内侧下捋，刁抓对方右手腕的同时，左脚上步，右臂屈肘横击对方左颊部（图 6-42）。

　　在运用掀压击肘时，需要注意动作的标准性，具体来说，要求环抱双手抬平，上掀下压对方肘部整体发力，横击时以腰带动。否则就会影响技法的运用效果。

图 6-42

4. 扣腕格肘

我方右手腕被对方的右手抓握,我方左手由上向下扣握住对方右手,同时屈右肘横抬(图 6-43);随即左脚向左前上半步,右手成掌反抓握住对方右手腕向内拉,同时上体右前倾,左肘向下格压对方右肘(图 6-44)。

在运用扣腕格肘这一技法时,需要注意:扣、抓、拉要紧,格压要有力,否则会影响技法的运用效果。

图 6-43

图 6-44

5. 扣手缠腕

对方右手由上向下抓握我方手腕,我方左手由上向下扣握住对方右手背,同时屈右肘横抬(图 6-45);我方顺势向右后撤右步,同时右手变掌上挑抓握对方右手腕向外向下拧压,擒拿对方腕部(图 6-46)。

在运用扣手缠腕时,动作的标准具有非常重要的意义。具体来说,需要注意:扣握要紧,抓腕切拧要有力,撤步要快,否则就影响技法的运用效果。

图 6-45

图 6-46

6. 撤步折腕

对方正面右手抓握我方右手腕,我方左手扣握对方右手,拇指顶其手背,右臂屈肘横抬,左脚后撤一步(图 6-47);我方左手和右手四指同时扣抓住对方的右掌心,两拇指前顶,双手推压其手腕,并向下、向后拉带,边卷边压(图 6-48)。当对方抓我方胸部时也可用此方法。

在运用撤步折腕这一技法时,要注意动作的标准性。具体来说,需要注意:扣、抓掌要快,推、压、拉带要协调有力。

图 6-47

图 6-48

7. 抓腕脱打

我方右手腕被对方的右手抓握；我方右手握拳屈肘，从对方右手拇指一侧，忽然上挑至右肩前。同时左手向下推压其右腕；我方右手解脱后，随右脚向前半步的同时，右拳背抡击对方右颊部（图 6-49）。

在运用抓腕脱打这一技法时，要注意动作的标准性。具体来说，就是需要注意：屈肘、上挑、下推要一气呵成，上步和抡击迅速有力。

图 6-49

8. 抓颈顶裆

对方正面两手掐我方颈喉部，我方立即向后撤右步，双臂屈肘上抬，两小臂从里向外格挡对方小臂；我方顺势两手变掌砍抓对方颈部；我方随即两手抓握对方后颈部，用力回抓，同时屈抬右膝向前上顶击对方小腹或裆部，使其失去抵抗能力（图 6-50）。

在运用抓颈顶裆这一技法时，需要注意两个方面：一是抓颈要突然，发力要迅猛；二是顶裆时双手抓握要紧，上下肢协调配合。

图 6-50

9. 撑脱顶肘

对方从后面将我方双臂抱住;我方右脚后撤半步,同时身体快速下蹲,两臂屈肘外撑上抬,即可解脱;我方左手顺势刁抓对方右手腕,同时右肘尖猛力顶击对方肋部(图 6-51)。

在运用撑脱顶肘这一技法时,要注意动作的连贯性,撤步、下蹲、撑臂、抬肘要一气呵成,转腰顶肘发力短促。

图 6-51

10. 分手撞击

我方双腕被对方抓握。我方两臂微内旋向下伸,向左右分开。右脚向前上半步,同时头部前额向对方面部撞击(图 6-52);对方后仰,我方趁势右脚进步,以右肩为力点冲撞对方胸部,顺势右手背撩击对方裆部(图6-53)。

在运用分手撞击这一技法时,要注意两个方面:一是头部攻击对方时,颈部保持紧张;二是头、肩撞击时周身发力,完整一气。

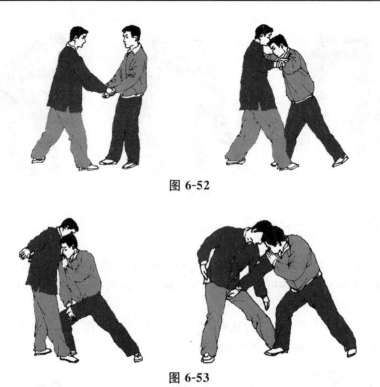

图 6-52

图 6-53

11. 脱腕顶胸

我方右手腕被对方双手紧抓握；我方将左手从对方两臂中间插入抓握自己右拳拳面，上扳右小臂，右臂乘势沉肘上抬，即可解脱（图 6-54）；随之上步进身，用右肘尖顶击对方胸部，继之用左手食指、中指插击对方双眼，也可用左掌根推击对方下颌（图 6-55）。

在运用脱腕顶胸这一技法时，需要注意：扳、抬要突然，顶肘、插击要连贯准确。

图 6-54

图 6-55

12. 推拧压肩

对方右手由左搂握我方颈部；我方以左手上托握住对方右肘，同时缩身低头向左由对方右臂下钻出。我方右手顺势捋抓其右手腕并向内拧，同时左肘下压对方右肩，对方必前俯被擒（图 6-56）；对方欲向后挣脱，我方右手顺势从对方右腋下上穿封喉，随即左掌拍击对方裆部（图 6-57）。

在运用推拧压肩这一技法时，动作的速度、力度和标准性都非常重要。具体来说，需要注意：托肘、缩身、低头要快，捋、抓、拧、压一气呵成，上封下击准确连贯，粘黏劲不失。

图 6-56

图 6-57

13. 拉臂侧摔

对方由后用右臂锁住我方喉部，左手向后拉我方左手腕时，我方迅速用右手抓拉对方右小臂（图 6-58）；我方左脚向对方腿后撤步并靠牢，以腰为轴向左转身的同时，左臂向后下外拨对方身体，将对方摔倒（图 6-59）。

在运用拉臂侧摔时，为了能够取得较为理想的技法运用效果，需要注意：动作要迅速准确，拉臂、外拨要有力。

图 6-58

图 6-59

14. 拧颈顶裆

对方正面双手搂抱我方腰部；我方右手扳对方后脑向怀里猛带，左手同时推按对方下颏，双手合力拧转对方头部，即可解脱；我方随即抬左膝向斜上顶击对方小腹或裆部，使其失去抵抗能力（图 6-60）。

在运用拧颈顶裆这一技法时，需要注意两个方面：一个是扳、带、推、拧发力快脆；另一个方面是顶裆时双手不要松动。

图 6-60

15. 掐喉勾踢

当对方用右拳击打我方头部,我方迅速用左臂外架,顺势搂抓住对方右臂,左脚前迈,并紧贴住对方右腿,同时右手前伸,欲用掐喉拿将对方拿住(图 6-61);对方用左手托我方右肘部用力向我方嘴部推按,欲用推肘拿将我方拿住(图 6-62);我方迅速改用左手抓握住对方左前臂用力向斜下方领拉,右手用力击打对方右侧背部,同时左脚向回勾踢,将对方摔倒(图 6-63)。

图 6-61　　　　　　　　　　　　　图 6-62

在运用掐喉勾踢这一技法时,要想取得较为理想的技法运用效果,就必须注意两个方面:一是拉、打与回勾三个动作要同时进行,并做到协调迅猛有力;二是左脚勾踢时,脚跟要紧贴地面,脚尖上翘。

16. 别肘压肩

双方对面相向行走或对方出右拳向我方击打,我方左手迅速抓握对方右手腕的同时,右小臂由下向上挑起,穿过对方右臂,同时上左脚,身体迅速右转(图 6-64);上动不停,我方左手上推对方右手腕同时,右臂拉别对方右臂肘部,随转体右手迅速按压其右肩部(图 6-65)。

图 6-63

　　在运用别肘压肩这一技法时，需要注意：抓腕要准，上步要快，按压有力，否则会影响技法的运用效果。

图 6-64

图 6-65

第三节　摔　跤

一、摔跤概述

摔跤的起源也较早,它的产生可以追溯到原始社会。当时,人类为了争取生存,在生产力极为低下的社会条件下,除持棍棒、石块等狩猎和防卫野兽的伤害外,有时在不得已的情况下,还得徒手与野兽搏斗,这就逐渐形成了摔跤的雏形。

随着社会生产力的快速发展,部落与部落之间、国家与国家之间出现了争夺或战争。人们逐渐认识到为了争得生存或者自卫就得学习各种方法,而摔跤成为重要的学习内容。后来,摔跤还成为训练奴隶的军事体育项目之一。

据考证,中国在远古时代就有角抵形式的摔跤游戏。中国古代摔跤又称为"角力"。到了宋代,已有专门论述摔跤的书籍《角力记》。

二、摔跤基本技术教学

(一)基本姿势教学

1. 站立姿势

摔跤的站立姿势有很多种,一般来说,基本姿势是运动员站立,一脚站于另一脚的斜前方,两脚之间的距离约为一脚宽,两膝微屈,上体略前倾,两肘贴紧肋部,前臂向前伸出,尽量使身体重心平均分配在两腿上。这个姿势能使运动员保持较大的稳定性,并且可以迅速地向任何一个方向移动。

2. 跪撑姿势

跪撑姿势是指比赛时从站立姿势转入跪在垫子上继续比赛,运动员两膝跪在垫子上,两手撑垫,两膝间距离大约与肩同宽,足尖撑地,两手间距离略宽于肩,手与膝间的距离不得小于20cm,两脚不得交叉。在摔跤比赛中,运动员在掌握了跪撑姿势后,重要的还是要学会如何从跪撑姿势迅速站起来成站立姿势或从跪撑姿势迅速摆脱对方的控制。

(二)过背摔技术教学

过背摔技术是指利用自己的腰部为支点将对方从背上摔过去的技术。此动作幅度大,得分分值较高。利用腰作为支点,就如同力学的杠杆原理一样,动力臂越长就越省力。例如:拔钉子的时候,使用垂直用力的工具非常费劲,但在支点的下面垫上一个小物体,用很小的力量就可以拔掉。摔跤时进腰的动作就是用力使对方的身体向前失去平衡,自己转体和对方平行贴紧,降低身体重心,用腰背作为支点作用在对方的下腹部,两手或两臂配合做动作,就可以使对方在支点的作用下向前失去平衡并大幅度滚倒,在一定范围内,支点越高越费力,支点越低越省力。其他摔法的原理大致如此,只是支点不是用腰,而是用腿、用脚、用手法上的变换等。

1. 夹颈和臂过背摔

过背摔,又被称为夹颈背。即夹住对手颈部,通过转身将对手背在身上并摔倒。

2. 握臂和躯干过背摔

握臂和躯干过背摔,俗称后把背和下把背。即将一只手臂插进对手腋下并抱住对手的腰,通过转身将对手背在身上并摔倒。

3. 抱肩颈过背摔

过背摔的一种。在古典式摔跤中常被运动员所使用,由于古典式摔跤比赛中,双方运动员经常四臂搭扣在一起,此技术即在搭扣中转身将对手背在身上并摔倒。

4. 握同名臂和躯干过背摔(自己左手握对方左臂)

过背摔的一种,即将头伸进对手腋下用肩背翻转发力的方式将对手背在身上并摔倒。

(三)过肩摔技术教学

过肩摔是指以腰为支点,将对方从肩上摔过的技术,是摔跤中常用的动作之一。

(1)握臂过肩摔。过肩摔的一种。在古典式摔跤中常被运动员所使用,俗称揣。通过抓握住对手单臂从肩上将对手摔出。

(2)抱单臂挑。过肩摔的一种。属于自由式摔跤动作,是练习者抱住对手一手臂,同时用腿从外向内挑摔对手的技术。

(3)钻扛向侧摔。过肩摔的一种。头部潜入对手腋下,向一侧翻转摔倒对手。

(4)钻扛向后摔。过肩摔的一种。头部潜入对手腋下,用一臂抱住对手腰部,向后摔倒对手。开始的动作与钻扛向侧摔是一样的,只是一个是向侧摔,一个是向后摔。

(四)过胸摔技术教学

过胸摔是指搂抱对方,将其从胸上摔过的技术。一般来说过胸摔与过桥摔非常相似,只是过桥摔是成桥向后摔倒对方,动作幅度更大一些。摔跤中常将二者合称为过胸摔,是分值较高的技术,一般用在古典式摔跤中。

(1)躯干过胸(桥)摔。过胸摔的一种,也是古典式摔跤运动员常用的高分值动作。即用两臂勒紧对手上体并将其一臂抱住,然后主动后倒,同时两腿蹬地发力,用腹部撞击对手腹部,抬头后仰挺胸,当后脑部快要着地时,向一侧转体将对手摔倒在垫上并控制住。

(2)后抱腰过胸(桥)摔。过胸摔的一种,是利用接臂转移或潜入转移技术转到对手身后抱住对手腰部使用过胸摔的技术。

(3)捧臂过胸摔。过胸摔的一种,是将对手一臂夹在自己腋下,用自己的另一手臂插在对手腋下并使用过胸摔的技术。

(4)锁双臂过胸(桥)摔。过胸摔的一种,它是利用对手抱住自己的上体时,使用的过胸摔技术。

(5)侧面抱躯干过胸摔。过胸摔的一种,从对手身体一侧用两手臂将对手臂和躯干一同抱住,使用过胸摔技术摔倒对手。

(五)抱折摔技术教学

抱折摔是抱住对手躯干等部位,用力折倒对手的技术。

(1)抱腰折。属于抱折摔的一种。两臂环抱对手腰部并用力向前勒腰,头向前下方用力,将对手折成仰卧。

(2)抱单臂折。属于抱折摔的一种。两手握抱对手一臂,有一个来回劲,整个身体向下折对手单臂,使对手来不及调整身体重心而向后摔倒成仰卧姿势。

(六)抱绊腿摔技术教学

抱绊腿摔是自由式摔跤中常用动作之一,即握抱或勾绊对方单腿或双腿,使对方失去平衡而被摔倒。

（1）握颈扣同名腿摔。抱绊腿摔的一种。握对方颈部并用另一手抠住对手的腿摔倒对手。

（2）握颈扣异名腿摔。抱绊腿摔的一种。与握颈扣同名腿摔的不同就在于一个是左手扣左腿，另一个是左手扣右腿。

（3）抱单腿手别摔。抱绊腿摔的一种。即抱住对手单腿，用另一手别住对手另一腿摔的技术。

（4）抱单腿压摔。抱绊腿摔的一种。即通过抱住对手单腿用身体的重量压对手腿而摔倒对手，主要是用肩胸部位压。

（5）抱双腿冲顶。抱绊腿摔的一种。即抱住对手双腿向前冲顶的摔法。

（6）穿腿侧摔。抱绊腿摔的一种，俗称穿腿。即用一手臂穿进对手两腿间，同时肩、头潜入对手腋下，身体向一侧滚动，将对手摔成仰面倒地。

（7）穿腿前摔。抱绊腿摔的一种，俗称穿腿。即用一手臂穿进对手两腿间，同时肩、头潜入对手腋下，身体向一侧滚动，低头将对手摔在自己身体的前方。

（七）跪撑技术教学

跪撑技术一般分为两组方法：一是用摔的方法，二是用翻的方法。用摔的方法时，主要是使对手离开垫子，如运用桥摔、半桥摔、向侧或向后摔。用翻的方法则一般是不使对手身体全部离开垫子。在跪撑技术中，凡是没有用上肢握抱或用下肢勾绊对方腿部的动作都是古典式摔跤动作，其他只能在自由式摔跤中才被允许使用的跪撑技术。

（1）后抱腰滚桥翻。属翻的一种。从对手后面抱住对手腰部进行滚翻，要求使用者呈桥的姿势。

（2）杠杆握颈翻。属翻的一种。主要采用前臂压住对手颈部，两臂以杠杆的作用翻对手。

（3）侧面抱单臂翻。属翻的一种。拉住对手一臂使用挤压的方法将对手侧翻过去。

（4）里肩下握颈翻。属翻的一种。一手由对手左腋下穿过握住对手头颈，右臂压抱对手腰部或用右手握自己的左前臂并用右臂压在对手的肩背上，同时左臂用力撬压对手左肘关节和头颈，用上体搓挤对手身体左侧，左腿配合向对手头前移动，将对手翻转过去并控制住。

（5）外肩下握颈翻。属翻的一种。身体移向对手左侧，右手从对手右腋下穿过握对手头颈，左腿跪于对手左腋下挡住其左侧身体的移动，然后右臂用力向左撬压对手右肘关节并用手下压对手头颈，并用左手协助撬压，将对手翻转过来并控制住。

(6)反抱躯干翻。属翻的一种。双手反抱对手腰部,然后双臂用力向上抱提对手腰部,同时用身体左侧压住对手左侧上体,蹬腿、挺腹、抬头,将对手向自己的左后方向翻转过去。

(7)前握肩颈滚翻。属翻的一种。抱压住对手头部并抱压对手的肩颈,用左臂圈直对手的右臂,右手从对手左侧颚下穿进环抱住对手肩颈,向自己身体左侧成桥滚翻,将对手滚翻过去。

(8)正抱提过胸摔。属跪撑摔的一种。从对手后面抱住对手腰部,将对手整个身体提起成过胸摔将对手摔倒。

第七章　民族传统体育的养生项目教学

易筋经、六字诀、八段锦、五禽戏等都是我国民族传统体育重要的养生项目,这些项目历史悠久,具有独特的健身和养生价值,经常参加这些养生项目的习练不仅能强健人的身体,同时还能从中获得一定的心理愉悦。

第一节　易筋经

易筋经历史悠久,人们通过易筋经的习练能很好地锻炼自己的身体,起到强身健体的作用。易筋经发展至今,其基本功法发生了一定程度的变化,这有利于人们的健身锻炼。本节重点阐述一下易筋经基本动作教学的方法。

一、易筋经概述

易筋经是从我国古代的导引术中逐渐演变、发展和变化而来的。在《庄子·刻意》篇中有这样的记载:"吹呴呼吸,吐故纳新,熊经鸟申(伸),为寿而已矣。此导引之士,养形之人,彭祖寿考者之所好也。"目前,也有一些关于易筋经由来的说法,但都缺乏一定的考证。

易筋经是我国一部很重要关于传统武术的书籍,由于其流传基本上是在民间,因此,被广泛地篡改。在清代咸丰八年潘蔚辑录的《内功图说》中就对流传至今的易筋经十二势版本进行了相关的记载,这一版本是较为广泛地得到认可的。总的来看,传统易筋经从中医、宗教、阴阳五行学说等视角详细阐述了功理、功法,并逐渐形成了具有不同特点的各种流派。

总的来说,易筋经将传统易筋经十二势的精要继承了下来,并且将普及性和科学性集于一身,具有格调古朴、蕴涵新意的显著特征。发展到现在,易筋经已成为人们健身的一种重要的手段。

二、易筋经基本动作教学

(一)预备

两脚并拢站立,两手自然垂于体侧;下颏微收,百会。虚领,唇齿合拢,舌自然平贴于上腭;目视前方。

(二)韦陀献杵第一势

(1)左脚向左侧开半步,约与肩同宽,两膝微屈,成开立姿势;两手自然垂于体侧。

(2)两臂自体侧向前抬至前平举;掌心相对,指尖向前。

(3)两臂屈肘,自然回收,指尖向斜前上方约30°,两掌合于胸前,掌根与膻中穴同高,虚腋;目视前下方。动作稍停(图7-1)。

图 7-1

(三)韦陀献杵第二势

(1)接上势。两肘抬起,两掌伸平,手指相对,掌心向下,掌臂约与肩呈水平。

(2)两掌向前伸展,掌心向下,指尖向前。

(3)两臂向左右分开至侧平举,掌心向下,指尖向外。

(4)五指自然并拢,坐腕立掌;目视前下方(图7-2)。

图 7-2

（四）韦陀献杵第三势

（1）接上式。松腕，同时两臂向前平举内收至胸前平屈，掌心向下，掌与胸相距约一拳；目视前下方。

（2）两掌同时内旋，翻掌至耳垂下，掌心向上，虎口相对，两肘外展，约与肩平。

（3）身体重心前移至前脚掌支撑，提踵；同时，两掌上托至头顶，掌心向上，展肩伸肘；微收下颏，舌抵上腭，咬紧牙关。

（4）静立片刻（图7-3）。

图 7-3

（五）摘星换斗式

（1）右足稍向右前方移步，与左足成斜八字形（右足跟与左足弓相对，相距约一拳），随式身向左微侧。

（2）屈膝，提右足跟，身向下沉成右虚步；两上肢同时动作，左手握空拳置于腰后，右手指掌握如钩状下垂于裆前。

（3）右钩手上提，使肘略高于肩，前臂与上臂近乎直角钩手置于头之右前方。

（4）松肩，屈腕，肘向胸，钩尖向右；头微偏，目视右掌心，舌抵上腭；含胸拔背，直腰收臀，少腹含蓄，紧吸慢呼，使气下沉；两腿前虚后实，前腿虚中带实，后腿实中求虚。左右两侧交替锻炼，姿势及要求相同（图7-4）。

（六）倒拽九牛尾式

（1）左腿向左平跨一步（其距较两肩为宽），两足尖内扣，屈膝下蹲成马裆式；两手握拳由身后划弧线形向裆前，拳背相对，拳面近地；上身略前俯，松肩，直肘；昂头，目前视。

图 7-4

（2）两拳上提至胸前，由拳化掌，成抱球式，随式直腰；肩松肘屈，肘略低于肩；头端平，目前视。

（3）旋动两前臂，使掌心各向左右（四指并拢朝天，拇指外分，成八字掌，掌应挺紧），随式运劲徐徐向左右平（分）推至肘直；松肩，直肘，腕背屈，腕、肘、肩相平。

（4）身体向右转侧，成右弓左箭式（面向左方）。两上肢同时动作，右上肢外旋，屈肘约成半圆状，拳心对面，双目观拳，拳高约与肩平，肘不过膝，膝不过足尖；左上肢内旋向后伸，拳背离臀，肩松，肘微屈，两上肢一前（外旋）一后（内旋）作螺旋劲，上身正直，塌腰收臀，鼻息调匀。左右两侧交替锻炼，姿势相同（图 7-5）。

图 7-5

（七）出爪亮翅式

（1）两手仰掌沿胸前徐徐上提过顶，旋腕翻掌，掌心朝天，十指用力分开，虎口相对，中、食指（左与右）相接；仰头，目观中指、食指交接之处，随式足跟提起，离地约 10～13 厘米，以两足尖支持体重。肘微屈，腰直，膝不得屈。

（2）两掌缓缓分开向左右而下，上肢成一字并举（掌心向下），随式足跟落地；翻掌，使掌心朝天，十指仍用力分开，目向前平视，肩、肘、腕相平，直腰,膝勿屈(图 7-6)。

图 7-6

(八)九鬼拔马刀式

(1)足尖相衔,足跟分离成八字形,腰实腿坚,膝直足霸。同时两臂向前成叉掌立于胸前。

(2)运动两臂,左臂经上往后,成钩手置于身后(松肩,直肘,钩尖向上);右臂向上经右往胸前(松肩,肘略屈,掌心向左,微向内凹,虎口朝下),掌根着实,蓄劲于指。

(3)右臂上举过头,由头之右侧屈肘俯掌下覆,使手抱于颈项。左手钩手化掌,使左掌心贴于背,并在许可范围内尽可能上移。

(4)头用力上抬,使头后仰;上肢着力,掌用劲下按,使头前俯,手、项争力。挺胸直腰,腿坚脚实,使劲由上贯下至踵。鼻息均匀,目微左视。

(5)运动两臂,左掌由后经下往前,右上肢向前回环,左右两掌相叉立于胸前。左右交换,要领相同(图 7-7)。

图 7-7

(九)三盘落地式

(1)左腿向左平跨一步,两足之距较肩为宽,足尖内扣,屈膝下蹲成马档式,两手叉腰,腰直胸挺,后背如弓,头端平,目前视。

(2)两手由后向前抄抱,十指相互交叉而握,掌背向前,虎口朝上,肘微屈曲,肩松;两上肢似一网盘处于上胸。

(3)由上式,旋腕转掌,两掌心朝前。运动上肢,使两掌向左右(划弧线)而下,由下成仰掌沿腹胸之前徐徐运劲上托,高不过眉,掌距不大于两肩之距。

(4)旋腕翻掌,掌心朝地,两掌(虎口朝内)运劲下按(沿胸腹之前)成虚掌置于膝盖上部。两肩松开,肘微屈曲,两臂略向内旋;前胸微挺,后背如弓,头如顶物,双目前视(图7-8)。

图 7-8

(十)青龙探爪式

(1)左腿向左平跨一步,两足之距约当肩宽,两手成仰拳护腰式。身立正直,头端平,目前视。

(2)左上肢仰掌向右前上方伸探,掌高过顶,随式身略向右转侧,面向右前方,目视手掌,松肩直肘,腕勿屈曲。右掌仍作仰拳护腰式。两足踏实勿移。

(3)由上式,左手大拇指向掌心屈曲,双目视大拇指。

(4)左臂内旋,掌心向下,俯身探腰,随式推掌至地。膝直,足跟不离地,昂首,目前视。

(5)左掌离地,围左膝上收至腰,成两仰掌护腰式,如本式(1)。左右手交替前探,要领相同(图7-9)。

图 7-9

（十一）卧虎扑食式

（1）右腿向右跨出一大步，屈右膝下蹲，成左仆腿式（左腿伸直，足底不离地，足尖内扣）。两掌相叠，扶于右膝上。直腰挺胸，两目微向左视。

（2）身体向左转侧，右腿挺直，屈左膝，成左弓右箭式，扶于膝上之两掌分向身体两侧，屈肘上举于耳后之两旁，然后运劲使两掌徐徐前推，至肘直。松肩，腕背屈，目注前方。

（3）由上式，俯腰，两掌下按，掌或指着地，按于左足前方之两侧（指端向前，两掌之距约当肩宽），掌实，肘直，两足底勿离地，昂首，目前视。

（4）右足跟提起，足尖着地，同时在前之左腿离地后伸，使左足背放于右足跟上，以两掌及右足尖支撑身体。再屈膝（膝不可接触地面），身体缓缓向后收，重心后移，蓄劲待发。足尖发劲，屈曲之膝缓缓伸直。两掌使劲，使身体徐徐向前，身应尽量前探，重心前移；最后直肘，昂起头胸，两掌撑实。如此三者连贯进行，后收前探，波浪形地往返进行，犹如饿虎扑食。左右交换，要领同左侧（图 7-10）。

图 7-10

（十二）打躬式

（1）左腿向左平跨一步，两足之距比肩宽，足尖内扣。两手仰掌徐徐向左右而上，成左右平举式。头如顶物，目向前视，松肩直肘，腕勿屈曲，立身正直，腕、肘、肩相平。

（2）由上式屈肘，十指交叉相握，以掌心抱持后脑。勿挺胸凸臀。

（3）由上式，屈膝下蹲成马裆式。

（4）直膝弯腰前俯，两手用力使头尽向胯下，两膝不得屈曲，足跟勿离地。

（十三）工尾式

（1）两手仰掌由胸前徐徐上举过顶，双目视掌，随掌上举而渐移；身立正直，勿挺胸凸腹。

（2）由上式,十指交叉而握,旋腕反掌上托,掌心朝天,两肘欲直,目向前平视。

（3）由上式,仰身,腰向后弯,上肢随之而往,目上视。

（4）由上式俯身向前,推掌至地。昂首瞪目,膝直,足跟再离地。

第二节　六字诀

一、六字诀概述

六字诀也有着悠久的历史,秦汉的《吕氏春秋》中就有关于用导引呼吸治病的论述。在西汉时期《王褒传》一书中,响有"呵嘘呼吸如矫松"的记载。隋代天台高僧智顗大法师,在他所著的《修习止观坐禅法要》一书中,也提出了六字诀治病方法。后传至唐代名医孙思邈,按五行相生之顺序,配合四时之季节,编写了卫生歌,奠定了六字诀治病之基础。

六字诀是一种吐纳法。它是通过呬、呵、呼、嘘、吹、嘻六个字的不同发音口型,唇齿喉舌的用力不同,以牵动不动的脏腑经络气血的运行。经常练习六字诀功法,能强化人体内部的组织机能,诱发和调动脏腑的潜在能力来抵抗疾病的侵袭,防止随着人的年龄的增长而出现过早衰老。

二、六字诀基本动作教学

（一）预备式

两脚平行站立,约与肩同宽,两膝微屈;头正、下颏微收,竖脊含胸;两臂自然下垂,周身中正;唇齿合拢,舌尖放平,轻贴上腭;目视前下方。

（二）起势

（1）接上式。屈肘,两掌十指相对,掌心向上,缓缓上托至胸前,约于两乳同高;目视前方。两掌内翻,掌心向下,缓缓下按,至肚脐前;目视前下方。

（2）微屈膝下蹲,身体后坐;同时,两掌内旋外翻,缓缓向前拨出,至两臂成圆。

（3）两掌外旋内翻，掌心向内。起身，两掌缓缓收拢至肚脐前，虎口交叉相握轻覆肚脐；静养片刻，自然呼吸；目视前下方。

（三）嘘（xū）字诀

（1）接上式。两手松开，掌心向上，小指轻贴腰际，向后收到腰间；目视前下方。

（2）两脚不动，身体左转 90°；同时，右掌由腰间缓缓向左侧穿出，约与肩同高，并配合口吐"嘘"字音，两目渐渐圆睁，看向右掌伸出方向。右掌沿原路收回腰间；同时身体转回正前方；目视前下方。

（3）身体右转 90°；同时，左掌由腰间缓缓向右侧穿出，约与肩高，并口吐"嘘"字音；两目渐渐圆睁，目视左掌伸出方向。

（4）左掌沿原路收回腰间，同时，身体转回正前方；目视前下方。如此左右穿掌各 3 遍。

（四）呵（hē）字诀

（1）接上式。吸气，同时两掌小指轻贴腰际微上提，指间朝向斜下方；目视前下方。屈膝下蹲，同时两掌缓缓向前下约 45°方向插出，两臂微屈；目视两掌。

（2）微微屈肘收臂，两掌小指一侧相靠，掌心向上，成"捧掌"，约与肚脐相平；目视两掌心。两膝缓缓伸直；同时屈肘，两掌捧至胸前，掌心向内，两中指约与下颏同高；目视前下方。

（3）两肘外展，约与肩同高；同时，两掌内翻，掌指朝下，掌背相靠。然后，两掌缓缓下插；目视前下方。从插掌开始，口吐"呵"字音。两掌下插至肚脐前时，微屈膝下蹲；同时，两掌内旋外翻，掌心向外，缓缓向前拨出，至两臂成圆；目视前下方。

（4）两掌外旋内翻，掌心向上，伸至腹前，呈捧掌式；目视两掌心。

（5）两膝缓缓伸直；同时屈肘，两掌烹捧至胸前，掌心向内，两中指约与下颏同高；目视前下方。两肘外展，约与肩高；同时，两掌内翻，掌指朝下，掌背相靠；然后两掌缓缓下插，目视前下方。

（6）从插掌开始，口吐"呵"字音。

（五）呼（hū）字诀

（1）当上式最后一动两掌向前拨出后，外旋内翻，转掌心向内对肚脐，指尖斜相对，五指自然张开。

（2）两掌心间距与掌心至肚脐距离相等；目视前下方。

（3）两膝缓缓伸直伴随着两掌向肚脐方向合拢，至肚脐前约10厘米。微屈膝下蹲；同时，两掌向外展开至两掌心间距与掌心至肚脐距离相等，两臂成圆形，并口吐"呼"字音；目视前下方。

（4）两膝缓缓伸直伴随两掌伸合拢于肚脐。

（六）呬（sī）字诀

（1）接上式。两掌自然下落，掌心向上，十指相对；目视前下方。

（2）两膝缓缓伸直；同时，两掌缓缓向上托至胸前，约与两乳同高；目视前下方。

（3）两肘下落，夹肋，两手顺势立掌于肩前，掌心相对，指尖向上。两肩胛骨向脊柱靠拢，展肩扩胸，藏头缩项；目视前斜上方。

（4）微屈膝下蹲；同时，松肩伸项，两掌缓缓向前平推逐渐转成掌心向前亮掌，同时口吐"呬"字音；目视前方。

（5）两掌外旋腕，转至掌心向内，指间相对，约与肩宽。两膝缓缓伸直；同时屈肘，两掌缓缓收拢至胸前约10厘米，指间相对；目视前下方。

（6）两肘下落，夹肋，两手顺势立掌于肩前，掌心相对，指间向上。两肩胛骨向脊柱靠拢，展肩扩胸，藏头缩颈；目视斜前上方。

（7）微屈膝下蹲；同时，松见伸项，两掌缓缓向前平推逐渐转成掌心向前，并口吐"呬"字音；目视前方。

（七）吹（chuī）字诀

（1）接上式。两掌前推，随后松腕伸掌，指尖向前，掌心向下。

（2）两臂向左右分开成侧平举，掌心斜向后，指尖向外。两臂内旋，两掌向后划弧至腰部，掌心轻贴腰眼，指尖斜向下；目视前下方。

（3）微屈膝下蹲；同时，两掌向下沿腰骶、两大腿外侧下滑，后屈肘提臂环抱于腹前，掌心向内，指尖相对，约与脐平；目视前下方。

（4）两掌从腰部下滑时，口吐"吹"字音。两膝缓缓伸直；同时，两掌缓缓收回，轻抚腹部，指尖斜向下，虎口相对；目视前下方。

（5）两掌沿带脉向后摩运。两掌至后腰部，掌心轻贴腰眼，指尖斜向下；目视前下方。

（6）微屈膝下蹲；同时，两掌向下沿腰骶、两大腿外侧下滑，后屈肘提臂环抱于腹前，掌心向内，指尖相对，约与脐平；目视前下方。

（八）嘻（xī）字诀

（1）接上式。两掌环抱，自然下落于体前；目视前下方。两掌内旋外翻，掌背相对,指间向下;目视两掌。两膝缓缓伸直;同时,提肘带手,经体前上提至胸。

（2）随后,两手继续上提至面前,分掌、外开、上举,两臂成弧形,掌心斜向上;目视前上方。屈肘,两手经面部前回收至胸前,约与肩同高,指尖相对,掌心向下;目视前下方。

（3）然后微屈膝下蹲;同时,两掌缓缓下按至肚脐前。两掌继续向下。向左右外分至左右髋旁约 15 厘米,掌心向外,指间向下;目视前下方。

（4）从上动两掌下按开始配合口吐"嘻"字音。两掌掌背相对合于小腹前,掌心向外,指间向下;目视两掌。两膝缓缓伸直;同时,提肘带手,经体前上提至胸。随后,两手继续上提至面前,分掌、外开、上举,两臂成弧形,掌心斜向上;目视前上方。

（5）屈肘,两手颈面部前回收至胸前,约与肩同高,指尖相对,掌心向下;目视前下方。然后微屈膝下蹲;同时两掌缓缓下按至肚脐前,目视前下方。两掌顺势外开至髋旁约 15 厘米,掌心向外,指间向下;目视前下方。

（6）从上动两掌下按开始配合口吐"嘻"字音。

（九）收势

（1）接上式。两手外旋内翻,转掌心向内,缓缓抱于腹前,虎口交叉相握,轻覆肚脐。

（2）同时两膝缓缓伸直;目视前下方;静养片刻。

（3）两掌以肚脐为中心揉腹,顺时针 6 圈,逆时针 6 圈。

（4）两掌松开,两臂自然垂直于体侧;目视前下方。

第三节　八段锦

一、八段锦概述

八段锦历史悠久,在南宋洪迈所著的《夷坚志》中就有所记载,其中记载着"政和七年,李似矩为起居郎……尝以夜半时起坐,嘘吸按摩,行所谓八段锦者"。这也就说明在北宋时期,八段锦就已经存在了,并且这一时期的八段锦已经有了坐势和立势之分。

关于八段锦是何人所创,至今仍然未有定论。有人认为八段锦是由宋朝名将岳飞所创,这种认知主要来源于史料中关于岳飞为了加强士兵体能,命部下创编了一套由八个动作组成的功夫,并将其命名为八段锦之故。但也有人称八段锦在远古时期就已经存在了,他们认为在远古时代,人们为了治疗因长期遭受雨水潮害之苦,而罹患胫骨萎缩,气血瘀滞不通而创造的"舞"就是现代所称的八段锦。

八段锦简单易学,安全可靠,适于各种人群习练,长期习练八段锦不仅可以健身祛病,还能增智开慧。发展到现在,八段锦作为民族传统体育教学项目已经进入众多的高等院校。如今,八段锦经过更为细致和研究和修改,已成为普通老百姓的养生健身法,并日趋大众化,成为社区群众进行传统体育养生锻炼的重要项目之一。

二、八段锦基本动作教学

(一)预备式

身体直立,两臂下垂,全身放松,舌抵上腭,目光平视。

(二)两手托天理三焦

随着吸气,两臂从体侧缓缓上举至头顶,掌心朝上;两手指交叉,内旋翻掌向上撑起,肘关节伸直,如托天状;同时两脚跟尽量上提,抬头,眼看手背。随着呼气,两臂经体侧缓缓下落;脚跟轻轻着地,还原成预备式。

(三)左右开弓似射雕

左脚向左横开一步,屈膝下蹲成马步,同时两管屈肘抬起,右外左内在胸前交叉。左手拇指和食指撑开成八字,其余三指扣住,缓缓用力向左侧平推,同时右拳松握屈肘向右平拉,似拉弓状,眼看左手,此为"左开弓"。两臂下落,经腹前向上抬起,在胸前交叉,右手在内,左手握拳在外。然后做右开弓。

(四)调整脾胃须单举

并步直立,两臂屈肘上抬至胸前,掌心向下。左手内旋上举至头顶,同时右手下按至右胯旁,此为"左举"。左手向下,右手向上至胸前;"右举"与左举动作相同,唯左右相反。

(五)五劳七伤往后瞧

两脚并步,头缓缓向左、向后转,眼看后方。上动稍停片刻,头慢慢转回原位。头缓缓向右、向后转,眼看后方。

（六）攒拳怒目增力气

左脚向左平跨一步成马步,两手握拳抱于腰间,眼看前方。左拳向前用劲缓缓冲出,小臂内旋拳心向下。左拳变掌,再抓握成拳收抱腰间。右拳向前用劲缓缓冲出,小臂内旋拳心向下。左、右侧冲拳的方法与左、右前冲拳动作相同,方向由前变为侧。

（七）双手攀足固肾腰

两脚并步,上体后仰,两手由体侧移至身后。上体缓缓前俯深屈,两膝挺直,两臂随屈体向前、向下,用手攀握脚尖,（或手触地）保持片刻。

（八）摇头摆尾去心火

左脚向左横跨一步成马步,两手扶按在膝上,虎口朝里。随着吸气,头向左下摆,臀部向右上摆,上体左倾。随着呼气,头向右下摆,臀部向左上摆,上体右倾。上体前俯,头和躯干和向左、向后、向右、向前绕环一周。

（九）背后七颠百病消

两手左里右外交叠于身后;脚跟尽量上提,头上顶,同时吸气。足跟轻轻落下,接近地面,但不着地,同时呼气。

第四节　五禽戏

一、五禽戏概述

五禽戏的起源最早可以追溯到我国的远古时代。根据史料记载,在远古时期,中原大地江河泛滥,湿气弥漫,不少人都患上了当时被称之为"重腿"的不利于关节的病,为此,当时的远古人类就"乃制为舞""以利导之",而这种具有"利导"的"舞"就与模仿飞禽走兽动作、神态有关。1973年湖南长沙马王堆三号汉墓出土的44幅帛书《导引图》也有不少模仿动作姿态,如"龙登""鹞背""熊经",虽然有的图注文残缺不全,但仍然可以看出其模仿动物的形状。

《三国志·华佗传》中记载:"吾有一术,名五禽之戏,一曰虎,二曰鹿,三曰熊,四曰猨(猿),五曰鸟。亦以除疾,并利蹏(蹄)足,以当导引"。可见五禽戏的正式出现则是源于东汉末医学家华佗。而南北朝《后汉书·华佗传》中的记载也与《三国志·华佗传》的记载基本相同,这些史书也证明了华佗编创五禽戏确有其事。

发展到现在,五禽戏已形成了众多的流派,这些流派都有自己特殊的风格和特点,但从总体上看来,他们都是根据"五禽"动作,结合自己练功体验所编出来的"仿生式"导引法,都具有活动筋骨、疏通气血、预防疾病、健身延年的目的。这些五禽之戏中,有外功型,也有内功型。外功型多偏重肢体运动、模仿"五禽"动作、意在健身强体的,也就是我们通常所说的五禽戏。内功型多仿效"五禽"神态、以内气运行为主,重视意念锻炼,如五禽气功图就是其中的典型代表。

五禽戏功法动作简便易学,适合各种人群健身,尤其适合中老人运动。因此,随着国家体育总局的大力推广,"五禽戏"已经成为我国现代社区体育运动的重要项目之一。

二、五禽戏基本动作教学

(一)虎戏

(1)自然站式,俯身,两手按地,用力使身躯前耸并配合吸气。当前耸至极后稍停,然后身躯后缩并呼气,如此三次。

(2)然后两手先左后右向前挪动,同时两脚向后退移,以极力拉伸腰身。

(3)接着抬头面朝天,再低头向前平视。

(4)最后,再像虎行一般用四肢前爬七步,后退七步。

虎戏的基本动作如图 7-11 所示。

(二)鹿戏

(1)四肢着地式,吸气,头颈向左转、双目向右侧后视,当左转至极后稍停,呼气、头颈回转,当转至朝地时再吸气,并继续向右转,如前法。如此左转三次,右转两次,最后还原如起式。

(2)然后,抬左腿向后挺伸,稍停后放下左腿,抬右腿如法挺伸。如此左腿后伸三次,右腿两次。

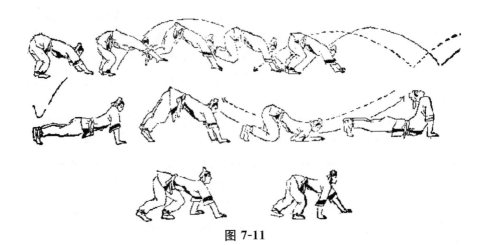

图 7-11

鹿戏的基本动作如图 7-12 所示。

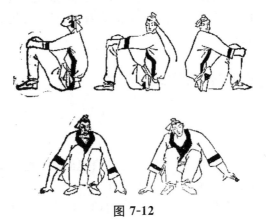

图 7-12

（三）熊戏

（1）仰卧式，两腿屈膝拱起，两脚离床面，两手抱膝下，头颈用力向上，使肩背离开床面，略停，先以左肩侧滚落床面，当左肩一触床面立即复头颈用力向上，肩离床面，略停后再以右肩侧滚落，复起。如此左右交替各七次。

（2）然后起身，两脚着床面成蹲式，两手分按同侧脚旁。

（3）接着如熊行走般，抬左脚和右手掌离床面。当左脚、右手掌回落后即抬起右脚和左手掌。如此左右交替，身躯亦随之左右摆动，片刻停止。

熊戏的基本动作如图 7-13 所示。

图 7-13

（四）猿戏

（1）选择牢固横竿一根，比自身略高，站立手指可触及高度，如猿攀物般以双手抓握横竿，使两脚悬空，作引体向上七次。

（2）接着先以左脚背勾住横竿放下两手，头身随之向下倒悬，略停后换右脚如法勾竿倒悬，如此左右交替各七次。

猿戏的基本动作如图 7-14 所示。

图 7-14

（五）鸟戏

（1）自然站式。吸气时跷起左腿，两臂侧平举，扬起眉毛，鼓足气力，如鸟展翅欲飞状。

（2）呼气时，左腿回落地面，两臂回落腿侧。接着跷右腿如法操作。如此左右交替各七次，然后坐下。

（3）屈右腿，两手抱膝下，拉腿膝近胸，稍停后两手换抱左膝下如法操作，如此左右也交替七次。

（4）最后，两臂如鸟理翅般伸缩各七次。

鸟戏的基本动作如图 7-15 所示。

图 7-15

第八章　其他常见民族传统体育项目教学

　　我国民族传统体育项目众多,有一些在民间发起的传统项目,历经各个时期的变革延续至今,成为人们日常健身、娱乐的重要手段之一。舞龙、舞狮、拔河、秋千、放风筝等都是我国优秀的民族传统体育项目,深受人们的欢迎和喜爱,本章就主要阐述一下这几项民族传统体育运动的教学。

第一节　舞　龙

　　舞龙运动历史悠久,在我国民间有着十分重要的地位,是我国两千多年来百姓进行各种庆祝活动的娱乐方式之一。舞龙具有较强的观赏性和娱乐价值,因此受到人们的欢迎和喜爱。

一、舞龙概述

　　在原始社会,人们对大自然欠缺一定的认识,对大自然怀有一定的畏惧心理。远古先民常将自己感激、敬畏、惧怕的物象作为本部族的标志,崇拜它、祈求它和敬重它的保护,这就是图腾。随着社会发展和各个民族的不断融合,多种图腾集合成为了"龙",它象征着神秘、恐怖与威力。

　　最初的舞龙运动的出现与古代劳动人民在农业生产中对自然现象缺乏科学的认识有关,龙被人们认为是雨水的象征,因此以舞龙来祈求神龙,以保证来年风调雨顺、五谷丰登。

　　在汉代,舞龙运动获得了一定程度的发展。汉代用"土龙"祈雨,经过多年的演变逐渐扎制龙形而舞,舞龙活动由此而产生。汉代的舞龙运动无论是在种类、规模方面,还是在制作工艺方面,都具有相当高的水平。但是"舞龙"活动在求雨的祭祀活动中还是占有很重要的地位,且随着活动的不断发展而向前发展着。

　　随着人类社会的不断进步,"舞龙"活动开始逐步从祭祀活动中划分出来,逐渐演变为种类繁多、制作精良的表演活动。后来,经过多年的发展演变,舞龙逐渐形成了以消灾免难祈求吉祥平安而进行的一项娱乐表演活动。关于"舞龙"活动的文献记载较详细的有《汉书》《西京赋》《平乐观赋》等,在当时"舞龙"的娱乐性和观赏性大大增强,并逐渐受到人们的欢迎和喜爱。

发展到唐代,"舞龙"运动已经基本上从原始祭祀的宗教活动中摆脱出来,并逐渐与民间传统节日的庆典活动相结合,而成为中华民族节日文化的一个重要组成部分。如元宵佳节的灯会盛况,舞龙是不可缺少的一项表演活动。

近几年来,在国家体育总局的领导下,通过挖掘整理与试办各种舞龙比赛,使得传统的民间舞龙活动,发展成为集舞龙技巧、艺术等为一体,寓强身健体于精彩表演之中的一项群众健身娱乐活动。同时,舞龙运动也成为当前我国推行全民健身计划,增强人民群众身心健康,推动农村体育运动不断向前发展的一项重要的大众体育运动项目。

二、舞龙基本技术教学

按照舞龙动作完成的难易程度,舞龙运动可分为 A、B、C 三个难度级别。按照舞龙运动的技术动作分类,可以将其划分为以下几种:游龙动作、"8"字舞龙动作、穿腾动作、翻滚动作、组图造型动作。

(一)游龙动作

游龙动作主要是舞龙者在快速奔跑游走过程中,通过龙体运动的高低、左右、快慢的起伏行进,充分展现龙体的婉转回旋、左右盘翻、屈伸绵延等龙的形体特征。游龙动作主要包括直线行进、曲线行进、走圆场、起伏行进、快速跑斜圆场、快速矮步跑圆场越障碍、站肩平盘起伏、行进中越过障碍等。

在快速奔跑游走过程中,龙体应遵循圆、弧、曲线的运动规律,人体姿态应协调地随龙体的起伏游动行进,从而构成一幅幅精彩纷呈的活动画面。

(二)"8"字舞龙动作

"8"字舞龙动作过程是舞龙者将龙体在人体左右两侧交替做"8"字环绕的舞龙动作,包括原地"8"字舞龙和行进间"8"字舞龙,舞龙动作可结合伴奏锣鼓的节奏做到可快可慢、可行进、可定位。同时,也可以充分利用舞龙者的身体姿势变化,如在单跪、靠背、抱腰、跳步、绕身等身体姿势下,做各种不同的"8"字舞。"8"字舞龙类动作主要有原地"8"字舞龙、抱腰舞龙、挂腰舞龙、单跪舞龙、K式舞龙、绕身舞龙、跳龙接一蹲一躺快舞龙等。

舞龙者在做"8"字舞龙动作时,常常会出现动作不圆顺,队员的速度不一致,龙体运动与人体不协调、不统一,因而容易造成人龙脱节,舞动速度太慢,龙体触地等错误动作,所以需要舞龙者在做"8"字舞龙时注意前后队员要保持适中的距离,人体造型姿态要优美,龙体运动轨迹要圆顺,人体的各种造型姿势要优美,舞龙要突出幅度、速度与力度,给人以力量美的感受。

（三）穿腾动作

舞龙的穿腾动作主要包括穿越和腾越两种方式。龙体动作线路呈交叉形式,龙珠、龙头、龙节依次在龙身下穿过,称"穿越";龙珠、龙头、龙身各节依次从龙身上越过称为"腾越"。穿腾动作主要包括穿龙尾、龙脱衣、龙戏尾、穿八五节、越龙尾、快速连续穿越行进、卧龙飞腾、连续穿越腾越行进等。在做穿腾动作时,龙体运动线路呈纵横交叉的形式行进,表现其腾云驾雾,翻江倒海的磅礴气势。舞龙者在做穿腾类动作时,应注意保持龙形饱满,速度均匀,轻松利索,不拖地,穿腾动作流畅不停顿,不碰踩龙身。

（四）翻滚动作

舞龙运动翻滚动作过程是舞龙者使龙体做立圆（或斜圆）状的连续运动,当龙身运动到舞龙者的脚下时,龙体同时或依次做360°的翻转,舞龙者利用手翻、滚翻等方法越过龙身,即"翻滚动作";舞龙者利用跨越、跳跃迅速依次跳过龙身,即"跳龙动作"。翻滚类动作主要包括龙翻身、速连续螺旋跳龙、大立圆螺旋行进、连续游龙跳龙、快速逆（顺）向跳龙行进、快速连续螺旋跳龙磨转等。

舞龙者应注意在不影响龙身运动的速度、幅度、美感的前提下,及时完成龙体的翻滚动作,同时,要求舞龙者能够准确规范地运用翻滚技巧动作,所做出的滚翻动作要干净利索,规范准确,并保持龙身运动轨迹流畅圆顺,龙形圆顺饱满。

（五）组图造型动作

舞龙运动的组图造型动作过程是龙体在运动中组成活动的图案和相对静止的龙体造型。组图造型类动作主要包括龙门造型、龙出宫造型、龙尾高翘、塔盘造型、龙出宫造型、上肩高塔造型、蝴蝶盘花造型、大横"8"字花慢行进等动作。

组图造型舞龙动作要求活动图案画面清晰,静止造型形象逼真,以形传神,以形传意,与龙珠的配合协调和统一,组图造型连接和解脱要紧凑、利索。

第二节　舞　狮

一、舞狮概述

舞狮运动又称"狮子舞""玩狮子",在我国,舞狮运动有着悠久的历史,它是一项具有独特民族风格的民间艺术和传统体育运动项目。每逢过春节和元宵节,都会有精彩纷呈的舞狮表演活动,它预示着人们对国泰民安、吉祥如意的祝福。

有关舞狮运动最早的史料记载是三国时魏人孟康注释的《汉书·礼乐志》,文中记载:"若今戏鱼、虾、狮子者也。"唐朝的舞狮运动发展较快,在民间、宫廷、军队流行甚广。比较著名的有唐代宫廷的"五方狮子""五常狮子"。自唐代以后,舞狮的表演活动一直盛行不衰。宋代孟元老的《东京梦华录》和吴自牧的《梦粱录》都有关于"狮子会"的记载。关于舞狮运动的欢乐热闹场景,清代《走会》图和《成都竹枝词》均有详细记载。

在我国民间,舞狮活动主要是集中在农历的正月初一至十五,一般在元宵节达到高潮,在我国,舞狮表演已成为隆重的庆贺佳节的仪式。近些年来,在国家体育总局的领导下,通过挖掘整理有关文献和试办各种舞狮子比赛。此外,国家体育总局还制订了《中国舞狮竞赛规则》。1997 年 12 月,第1 届全国舞狮比赛在广东番禺成功举办,至今我国已举办了多次国内外的舞狮锦标赛,使这一种深受老百姓喜爱的运动形式朝着规范化、竞技化、科学化与国际化的方向发展。经过不断发展,舞狮运动逐渐成为集舞狮、武术技巧和艺术为一体的表演活动,寓身体锻炼于精彩表演之中,使得舞狮运动经久不衰、流传至今。

二、舞狮基本技术教学

(一)南狮基本技术

1. 狮头的基本握法

(1)双阳手
手背朝下,两手握于狮舌两侧头角处部位。

（2）双阴手

手背朝上，两手握于狮舌两侧头角处部位。

（3）单阴手

以大拇指托狮舌，其余四指在狮舌上方，手背朝上。握狮舌中间或一侧部位，另一手握在耳根的引动绳，两手小臂托顶着两条横木。

（4）单阳手

握法与单阴手相反，其余与单阴手相同。

2. 狮尾的基本握法

（1）单手握法

一手大拇指插入舞狮头这者腰侧的腰带，部位成虎口握腰带，其余四指轻抓舞狮头者的腰带部位，另一手可做开摆尾、摆背等动作。

（2）双手握法

双手同时用单手握法与狮头配合，做各种动作时紧握必须要用力。

（3）摆尾

随着狮意与动态，可用臀部挪动或用手摆动。

3. 基本步型和步法

（1）两移步

开始时呈基本站立姿势，上体不动，左右脚交替前移约一脚掌。

（2）行礼步

开始时呈基本站立姿势，以左为例。两脚用力蹬地，向上跃起，在中线落地，重心在右脚，成左虚步。右虚步与左虚步相同，唯方向相反。

（3）扑步（铲步）

左腿大小腿弯曲全蹲，重心在左腿，右腿向右侧前伸，大小腿成一直线，脚掌内扣。左右动作相同，唯方向相反。

（4）麒麟步

开始时呈基本站立姿势，重心移至左脚，有脚经左腿前向左移步，左右腿交叉，弯曲双腿，重心落在双腿中间，左右动作相同，唯方向相反。

（5）虚步

左腿弯屈，重心在左腿，右脚大小腿微屈，脚尖前点，左与右动作相同，唯方向相反。

（6）弓步

右腿大小腿弯曲，大腿成水平，上体正对前方，成前弓后绷型。

（7）大四平步

两脚左右开立宽于肩，弯曲双腿，两大腿呈水平姿势，上体正直，收腹挺胸。

（8）开合步

开始时呈基本站立姿势，两脚蹬地，两腿朝左右分开并略宽于肩；两脚蹬地，并拢双腿，完成动作的过程时，上体保持基本姿势。

（9）跪步

开始时呈基本站立姿势，左大腿与小腿的弯屈约 90°角，右大腿与小腿的弯屈要小于 90°角，右膝关节和右脚指着地，上体稍前倾，重心在右脚。左、右动作相同，唯方向相反。

4. 南狮桩上基本技术

（1）钳腰

狮头下蹲，两脚用力蹬桩面，向上跃起，狮尾在狮头跃起的同时，狮尾两手把狮头举起后移至体前，尾呈半蹲姿势，狮头大腿紧夹狮尾的腰部，左右脚相扣。

舞狮时应注意狮尾后移狮头同时，狮头两腿迅速夹于狮尾的腰部。狮尾者紧抓狮头者的腰部，稍向上提，重心落于两脚中间。

（2）上双腿

在桩上两人呈基本姿势姿势，狮头下蹲，用力蹬桩面，向上跃起，狮尾在狮头跃起的同时，把狮头举起，狮尾呈半蹲姿势，狮头两脚站立在狮尾的左右大腿上。

舞狮时应注意狮头站立时，双脚内扣于狮尾者的大腿内侧。狮头狮尾者双手紧贴狮头者大腿两侧。

（3）上单腿

狮头下蹲，用力蹬桩面，向上跃起，狮尾在狮头跃起的同时，把狮头举起，狮尾成半蹲，狮头右腿站立在狮尾右大腿上，左大腿提起成水平，小腿自然下垂。

舞狮时应注意狮头左脚站于狮尾右大腿上时，脚尖应向外展。狮尾举起狮头与狮头站腿协调配合，达到准、快、稳的目的。

（4）180°回头跳

狮头单桩下蹲，两脚蹬桩面，向上跃起，狮尾在狮头跃起的同时，左脚前移至狮头右脚桩位，以左脚为轴转体的同时，右脚外摆至狮头的左脚桩位，狮头及时落至为原狮尾左右桩位。

舞狮时应注意狮尾者与举狮头者在换位时要做到准、快、稳。

（5）两桩柱180°转体换位上单腿

狮头单桩下蹲，两脚蹬桩面，向上跃起，狮尾在狮头跃起的同时，把狮头举起左转，左脚前移至狮头桩位，以左脚为轴转体的同时，右脚外摆至原桩位成马步或弓步，狮头右脚站在狮尾右大腿上，左大腿提起成水平，小腿自然下垂。

舞狮时应注意狮尾者做180°的换位时要准、快、稳。狮头者出单腿要稳、轻。狮头者和狮尾者的上体不可左右晃动。

（6）坐头

狮头下蹲，两脚用力蹬桩面，向上跃起，狮尾在狮头跃起的同时，狮尾把狮头举起轻放于头上，狮头右大腿弯屈，脚尖绷直，左大腿提膝弯屈，脚尖绷直。

舞狮时应注意狮头者，头要正、下额微收。上头要做到准、快、轻、稳。

（7）腾起

预备姿势，狮头与狮尾呈基本站位。狮头下蹲，向上跃起，狮尾在狮头跃起的同时，把狮头举起，落地还原。

舞狮时应注意狮头被狮尾举起时，双脚屈膝于胸前，并贴紧，上体圆背，微前倾。狮尾双手上举时，肩向上垂直上顶，上体应保持正直。

（二）北狮基本技术

1. 狮头和狮尾的基本握法

（1）狮头握法

舞狮头者两手紧握头圈嘴巴下摆的关节处，以便于控制嘴巴的张合。

（2）狮尾握法

①单手扶位

舞狮尾者单手扶拉舞狮头队员腰带，另一手扶拉狮被。

②双手扶位

舞狮尾双手虎口朝上，大拇指插入狮头腰带，四指并拢握住扶拉舞狮头队员腰带。

③脱手扶位

舞狮尾双手松开舞狮头队员腰带，扶拉狮被两侧下摆。

2. 狮头基本手法

（1）点

点的动作是狮头表演的基本动作。舞狮头者双手扶头圈，身体向右侧回旋,与地面形成45°角,左右手的运动路线为上下交替运动,左、右侧动作相同,唯方向相反。

(2)叼

舞狮头者一手扶头圈,另一手用小臂托头圈,手伸至狮嘴中央位置取绣球。

(3)摇

舞狮头者首先要双手扶头圈,然后双手交替向前、向上、向后、向下做回旋动作。手的运动路线成立圆。

(4)摆

舞狮头者双手扶头圈,上左步时狮头摆至左侧,重心位于左腿上;行走时右侧动作与左侧动作相同,唯方向相反。

(5)错

舞狮头者双手扶头圈,然后双手拉至狮头向右侧做预摆动作,右手与右腰侧同时腰、臂齐发力,摆至于身体左侧,呈半马步姿势,重心位于右腿上。右侧动作与左侧动作相同,唯方向相反。

3. 舞狮基本步法

(1)颠步

舞狮头、狮尾的队员按顺(或逆)时针方向跳步行进,舞狮头队员迈左脚时,舞狮尾队员迈右脚,步法要保持协调一致。

舞狮时应注意狮头与狮尾协调配合。

(2)盖步

舞狮头队员向右盖步,左脚经右脚前先向右跳扣步,同时右脚向右跳半步亮相,舞狮头队员与舞狮尾队员的动作相同;向左盖步,动作相同唯方向相反。

舞狮时应注意狮头与狮尾起跳动作要协调一致,同时到位。

(3)碎步

狮头、舞狮尾队员同时向左(或右)小步平移,节奏快速、一致。

舞狮时应注意移步步幅要小、密、节奏快;狮头与狮尾要协调配合。

(4)错步

舞狮头队员和舞狮尾队员同时向身后45°斜后方向先左脚后右脚同时退步。

舞狮时应注意转体和转头动作要与退步动作协调一致。

(5)行步

舞狮头队员和舞狮尾队员应保持重心微蹲,迈步时舞狮头队员先迈左脚,舞狮尾队员同时迈右脚,节奏一致。

舞狮时应注意重心应保持平稳状态,不可上下起伏。

(6)跑步

要求同行步相同,节奏要快。

第三节　拔　河

一、拔河概述

拔河是我国民间广泛流传的一项传统体育活动,具有悠久的历史,拔河运动相传始于春秋战国时期楚越两国水军交战时,鲁国的工匠设计了一种称"钩强"的兵器,用于阻挡和钩住敌船,而在阻和钩时需要战士具有强大的力量,因此,当时把钩强对拉作为军事训练的重要内容。随着历史的发展,这项军体运动逐渐演变为一项民间的体育娱乐活动,有的地区还形成了一种习俗,每逢佳节就用"牵强"之戏来进行庆贺。到了唐代改称为"拔河",那时用的是四五十米长的粗大麻绳,绳索两头分别系有数百根小绳,每一根小绳由一人牵拉。当时,这项运动在唐代宫廷和民间都很流行,据《全唐诗话》中记载:"唐中宗李显于景龙四年三月一日清明,幸梨园,命侍臣为拔河之戏。"《资治通鉴》中记载:"景云元年春,上御梨园球场,命文武三品以上抛球及分朋拔河。"表明帝王公卿、达官显贵均以拔河取乐。开元年间,在宫中曾多次举行拔河比赛,唐玄宗为此做诗助兴。在薛胜《拔河赋》中称"皇帝大夸胡人,以八方平泰,百戏繁会,令壮士千人,分为二队,名拔河",详尽地描绘了拔河比赛的壮观场面。

据文献记载,唐中宗李显还组织过女子拔河比赛,这充分说明了唐代社会的开放和妇女地位的提高。据《观拔河俗戏》记载,武则天在宫廷中举行拔河比赛,人数之多、规模之大为历史罕见。拔河不仅成为宫廷中的主要娱乐活动,而且在民间广泛流行,民间称拔河为"俗戏",这种游戏自古就有双重意义,一是用来训练军士的体力和意志,二是用来祈求丰收。春季是一年农事的开始,人们常在这个季节举行不同形式的拔河游戏以祈求农业丰收,据《隋书·地理志》记载:"钩初发动,皆有鼓节,群噪歌谣,震惊远近。俗云以此庆胜,用致丰穰。其事亦传于他郡。"反映出民间举行拔河时的热闹欢腾、欣欣向荣的景象,正是由于拔河具有增强体质、培养意志的功能和庆祝、祈求丰收的含义,故为人民所喜爱。

拔河形式多种多样,有两人对抗,也有多人对抗;有徒手对抗,也有利用器械进行对抗等。现在,我们通常所说的拔河是指多人平均分成两队进行的徒手对抗。比赛时,参赛两队的人数必须相等,按事先确定的方位分别站于绳的两端,并握好绳,此时,绳的标志带应垂直于中线。待裁判员鸣哨后,两方各一起向自己的方向用力拉绳,以一方把标志带拉过自己一侧的河界为胜方。

拔河运动具有较强的健身性、娱乐性,并能陶冶情操,同时又不受时间、季节、场地、器械等影响,因此便于开展。参与此项活动既能增强力量、耐力、灵敏、灵巧等身体素质,又能培养顽强拼搏的意志品质和集体主义的优良作风。

二、拔河基本技术教学

拔河技术可分为站位、握绳、身体姿势、用力四个方面。

(一)站位

两腿前后开立,前腿蹬直,脚掌内扣,后退屈膝,上体后倾,与地面成60°角,两手紧握绳,目视前方。

1."八"字步站位

两脚稍分,前后站立(哪个腋下夹绳,哪只胳膊弯曲在后,同侧的腿就稍站在后),两脚跟相距一拳,两脚尖分开成"八"字,脚掌抓地,脚跟和脚的外侧用力。两腿微屈,以便起动时向后用力。

2."丁"字步站位

两脚前后成"丁"字站立,前脚跟与后脚弓相距约一拳,前腿稍屈膝,用力方法和"八"字脚相同。

(二)握绳

前臂伸直远握,后臂屈肘,用腋部夹住绳近握,身体紧靠绳。一般有两种握法:一种是手心朝上,另一种是两手相对。不论怎样握,都必须握紧,能用上劲。两手握绳后,两臂弯曲,向内收紧,靠绳一侧的腋窝夹住绳子,上体靠向绳子,使力量集中一处,从头到腰保持一直线。两膝稍屈,身体下蹲。

选手不得握在绳子中心线标记与第二标记之间的部分。在每次比赛开始时,排在首位的选手应抓在尽量靠近第二标记的地方。选手不得在绳子上打结或系圈,也不得将绳子系在任何一名选手身上的任何部分。每次比赛开始时,应将绳子拉紧,并且绳子上的中心标记应正好在地面中心线的正上方。

（三）身体姿势

每名选手应以正常的姿势赤手握绳,手心向上。绳子应从身体和上臂之间穿过。其他任何妨碍绳子自由移动的行为均称为锁绳,将被视为犯规。脚的位置应伸在膝盖之前,选手们应在比赛中自始至终保持这一拔河姿势。

比赛开始后,蹬腿,挺腰,仰头,全身向后用力,形成 45°左右的斜线。使握绳、夹绳、蹬脚的地方和身体用力的方向,同拔河绳基本保持一个垂直面。

（四）用力

听从指挥员指挥,全队应同时发力。用力时先以前腿用力向前下方蹬地,同时两手紧握绳,上体后倾。

第四节　秋　千

一、秋千概述

秋千流行于我国北方地区和西南少数民族区域,在我国朝鲜族、满族、蒙古族、白族、壮族、苗族、阿昌族、哈尼族、维吾尔族等少数民族地区的秋千活动已经成了固定的节日或节日里固定的活动项目。其中,朝鲜族的秋千技艺更为高超。

目前常见的秋千主要包括两种:以朝鲜族秋千为代表的单一踏板秋千;南方少数民族地区常见的圆形多个踏板秋千,如"轮子秋""八人秋"。

秋千运动自第 3 届全国少数民族传统体育运动会开始,被列为正式比赛项目,秋千运动项目由此进入了一个新的发展阶段。国家民委和国家体育总局组织了专家、民族体育干部和少数民族运动员代表对秋千比赛的项目设置、场地器材和比赛规则进行了调整和修订,增加了秋千比赛项目设置和奖牌数;从保证运动员的安全和有利于运动员创造成绩的角度出发,对比赛场地和器材做出了明确的规定;本着"公平、公正、准确"的原则,充分考虑到比赛中可能出现的各种情况,对比赛规则进行了修订,提高比赛的正规化、评判的公正性和裁判工作的科学性。

秋千运动项目因其本身具备的特点也逐渐受到了人们的广泛喜爱。秋千运动项目对场地要求不高,设备简单,人们在庭院中、小区公共设施、公园内和幼儿园、小学中都可以放置下一个简易的秋千架,十分简单方便。

二、秋千基本技术教学

从技术结构上进行划分,荡秋千技术主要分为:握法与站位、起荡、前摆、后摆、触铃、停摆等六个部分。

(一)握法与站位

荡秋千的握法包括绑系安全带方法、脚站位和手握绳高度三个部分。

绑系安全带方法:每条安全带应能承受 100 公斤的拉力,安全带由一条宽幅的长布两头打结后连成环状,两头分别套在秋千绳和运动员的手腕上。

脚站位:系好安全带后,练习者单腿站立,前脚踏在脚踏板上,后脚提踵用前脚掌支撑在起荡台上,脚、背、颈部自然放松,两臂、两膝微屈,调整好呼吸,向裁判员示意准备起荡。

手握绳高度:双手用拇指压住食指和中指,牢牢地握住秋千绳。套上安全带后,手抓握秋千绳的高度一般在胸至髋关节处之间。

(二)起荡技术

运动员听到出发令后,做吸气动作,双手用力向后向上拉绳,后脚快速用力蹬离起荡台,同时前脚向后上吸提,拉板做"吸板"动作,使身体重心尽量上升,提高起荡瞬间的身体重心高度。后脚蹬离起荡台后,积极上抬与前脚并拢,放置在脚踏板上,人体在脚踏板上尽量后留在脚踏板后,屈腿成半蹲姿势。然后两腿用力向前向下蹬,推出脚踏板,同时双手推绳,使身体向下方运动,以获得较大初速度,开始第一次前摆。

(三)前摆技术

后脚蹬离起荡台后,两脚踏在秋板上或后摆至最高点时,屈膝、双手向后拉绳、两肩充分拉伸、身体后移、身体重心下降成半蹲姿势,下坠秋千绳;随着秋千绳的摆荡,双腿积极快速地向前下方蹬踏脚踏板,加快秋千的前摆速度,与此同时,身体重心也随着双腿的蹬伸而继续下坠秋千绳,完成前摆时的第一次蹬伸。接着在秋千绳靠近垂直面之前,双手用力拉绳,腰腹用力,两腿屈膝,使身体重心前移第二次成半蹲姿势;当秋千绳靠近垂直面时,双手用力上拉使双手和秋千绳靠近体侧,双脚的前脚掌向下向后用力蹬板,与此同时,腰腹用力,向前挺膝、送髋、挺腹、挺胸、抬头屈肘,身体完成挺身起的波浪式动作,当秋千绳前摆至最高点时,要充分伸展身体,完成前摆时的第二次蹬伸。在身体将要接近最高点时,两臂用力向体侧打开,完成"分绳"动作,身体积极前移至秋千绳前方,空中形成两臂侧下举直立姿势。

预摆中,当后摆至最高点后,屈膝、双手向后拉绳、身体下降成半蹲下坠秋千绳,开始完成前摆技术动作,动作要点同第一次前摆的要求。

（四）后摆技术

当身体摆至前摆的最高点后,身体随秋千的回摆,双手紧握秋千绳,两臂由分绳的打开回收至腰侧,双腿屈腿半蹲成空中半蹲姿势;然后,两臂向前上推秋千绳,双腿同时向前上蹬脚踏板,完成伸肘、含胸、屈腹、屈髋、伸膝、臀部下坐、躯干成弓形,下坠秋千绳,使身体重心尽量下降,形成空中的悬垂举腿姿势。下坠秋千绳主要有两个目的:一是减少了阻力,二是对秋千绳产生向下、向后的拉力,因此身体重心的投影点应尽量低于脚踏板和远离秋千绳;随秋千绳后摆,将要靠近秋千架时,双手用力拉绳,屈膝、两前脚掌向下、向后压板、小腿向后回收完成双腿向后的"吸板"动作,成空中上体稍后仰的屈膝半蹲姿势,接着,在接近垂直面时,双手用力向后、向上拉绳,双腿向后蹬踏脚踏板,腰腹同时用力,身体在空中完成挺身起动作;当人体接近后摆最高点时,两臂用力外展,完成"分绳"动作,身体在脚踏板上,秋千绳后的两臂侧下举直立姿势。

（五）触铃技术

单人触铃技术主要包括手触铃和脚（脚踏板）触铃两种动作。

（六）停摆动作

高度比赛中触铃成功后或触铃比赛中听到"时间到"的敲锣声时,双手抓稳秋千绳,站立或坐在秋板上随秋千绳自然摆荡,当秋千绳的摆动幅脚小于30°角时,可以随秋千的摆动惯性跳下秋千跑出场地或等待秋千自动停止后跳下。

第五节　放风筝

一、放风筝概述

风筝至今在我国已有 2 500 多年的历史。古代,南方称风筝为"鹞",北方称风筝为"鸢"。相传,风筝是由我国春秋时鲁国人公输般(即鲁班)发明的。鲁班从空中盘旋的鹞鸢得到启迪,"削竹为鹊,成而飞之,三日不下",做成了最早的风筝。《韩非子》记载哲学家墨翟"为木鸢,三年而成,飞一日而败。"汉朝韩信剖篾扎架,糊纸引线,乘风飞空,因此有"纸鸢"之称。

放风筝作为人民群众喜爱的娱乐活动开始于隋唐时代。唐代社会安定、文化经济繁荣,带来了中国传统节日的盛行。五代时期风筝正式得名,亳州刺史李邺在纸鸢上装制竹哨,风入竹哨,声如筝鸣,纸鸢由此得名风筝。宋代是我国风筝的发展阶段,风筝的普及使社会上出现了一种专门放风筝的艺人。明代以前,我国民间放风筝的习俗主要流传在南方广大地区。明、清时放风筝的风俗更盛,尤其是清末时期,我国传统风筝在内容和题材上都有较大的发展。风筝不仅制作精良,而且品种增多。

新中国成立后,每当清明前后,风和日丽,草木竞发,人民群众竞相来到郊外把自己得意的风筝送上天空,时而牵线奔跑,时而昂首远视,不仅锻炼了身体,丰富了生活,还增添了民族和睦的喜悦气氛。

如今,风筝作为中国的一项传统民俗体育运动已风靡全球,国外多以"飞唐""飞龙"誉之。风筝成了友谊的使者,中国风筝代表团几年来多次应邀到国外参加风筝表演,举办风筝展览。我国《风筝竞赛规则》《风筝竞赛裁判法》的制订对促进我国风筝运动的发展起到了很大的推动作用。

二、放风筝基本技术教学

(一)起飞方法

(1)中小型风筝。一手持线轮,一手提住风筝的提线,等到有一股风来之际,乘势将风筝放出。由于人的身体对风的影响,需要不断地边抖边放,克服风的扰流的影响。

(2)大型风筝。需要一个助手帮助。一个人拿住放飞线,另外一人在远处十几米以外或是几十米以外,迎风而站立。待有风吹来之时,提线之人发出信号,拿风筝的人将风筝往上一举并松开手,而提线的人顺势均力收线,这时风筝就会迎风而起。

(二)不稳定飞行情况的调整

(1)总是偏向一侧。解决的方法是调整风筝的上提线。如果风筝偏向左侧,可以将上提线向左侧移动一点,直到风筝飞向稳定。每次调整的移动量不宜过大。

(2)扎跟头,即风筝飞起后不久,不等飞行稳定,一遇到风力变化,风筝便一头扎下来,没有返起的机会。产生这种飞行状态的因素较多,调整的方法是将风筝的尾部加重,先不要调整提线,如果不行的话,再进行提线的调整,可将上提线缩短。两种方法试过以后仍然不行的话,说明这只风筝的制作是失败的。补救的方法是在风筝的尾部加上两根细细的线绳即可,这是无奈的办法。

(3)左右摇晃,像一只醉酒的风筝一样,忽左忽右。产生这种情况的原因主要是提线的重心位置靠上而造成的。调整的方法是将下提线缩短一点,逐渐调小,不要过多。

(4)风筝直往远飞,即见远不见高,调整的方法是将上提线缩短一些,或是减轻尾部的重量。

(5)前飘,即风筝线上无力的情况,稍微一拉提线风筝就势往下飘去,解决的方法是将下提线缩短。

(6)旋转,即风筝放起后还未稳定,就像风轮一样边转边往下飞去。如果风筝放飞以后出现这种情况,可以肯定地说,这只风筝制作已经失败。简单的补救方法是在尾部加上细线作为尾巴。

参考文献

[1]邱丕相.民族传统体育概论.北京:高等教育出版社,2008

[2]刘少英.民族传统体育学.北京:民族出版社,2011

[3]芦平生.民族传统体育研究.兰州:甘肃教育出版社,2002

[4]王岗.民族传统体育与文化自尊.北京:北京体育大学出版社,2007

[5]姚重军.少数民族传统体育文化研究.北京:民族出版社,2004

[6]张选惠.民族传统体育概论.北京:人民体育出版社,2004

[7]韦晓康,张延庆.少数民族传统体育与文化传承.北京:中央民族大学出版社,2009

[8]黄益苏,张东宇,蔡开明.传统体育运动.北京:高等教育出版社,2007

[9]饶远,刘竹.中国少数民族体育文化通论.北京:人民出版社,2009

[10]宋加华,崔素珍等.民族传统体育保健学.北京:民族出版社,2002

[11]曲小锋,罗平等.民族传统体育研究.北京:中国商务出版社,2007

[12]北京市民族传统体育协会.民族传统体育 100 例.北京:北京体育大学出版社,2006

[13]王英.民族传统体育文化研究.西安:西安地图出版社,2008

[14]冯国超.中国传统体育.北京:首都师范大学出版社,2007

[15]邱丕相.中国传统体育养生学.北京:人民体育出版社,2006

[16]尹海立.传统体育养生方法导论.北京:高等教育出版社,2008

[17]王岗,王铁新.民族传统体育发展的文化审视.北京:北京体育大学出版社,2005

[18]卢红梅.中华传统体育养生概论.长春:吉林大学出版社,2009

[19]邱丕相,蔡仲林.传统体育养生教程.北京:高等教育出版社,2011

[20]林小美.大学武术.杭州:浙江大学出版社,2008

[21]《中国武术百科全书》编撰委员会.中国武术百科全书.北京:中国大百科全书出版社,1998

[22]全国体育院校教材委员会.中国武术教程(上册).北京:人民体育出版社,2003

[23]闫洪涛,左文泉,潘治国.武术的文化底蕴与运动原理.西安:西安

地图出版社,2009

　　[24]贾亮,黎桂华,金龙.武术传统文化与实用套路解析.北京:中国商务出版社,2008

　　[25]曾于久.民族传统体育概论.北京:人民体育出版社,2000

　　[26]卢兵.中华民族传统体育文化导论.北京:民族出版社,2005

　　[27]张辉.四川省普通高校民族传统体育课程开设现状与对策研究.四川师范大学,2011

　　[28]毛骥.全球化浪潮下民族传统体育的生存与发展之道.贵州民族学院学报(哲学社会科学版),2003(4)

　　[29]杜炳辉.高校民族传统体育项目的发展现状研究.体育世界,2011(5)